No es indiferencia

AF276102

De la misma autora

Los límites de mi lenguaje. Meditaciones sobre la depresión,
    Buenos Aires/Madrid, Katz Editores, 2021

When Animals Speak: Toward an Interspecies Democracy,
    Nueva York, 2019
Animal Languages. Revealing the Secret Conversations
    of the Living World, Londres, 2019

Eva Meijer
No es indiferencia
Sobre los silencios políticos

Traducido por Micaela van Muylem

katz difusión

Primera edición, 2025

© Katz Editores
Cullen 5319
1431 - Buenos Aires
c/Sitio de Zaragoza, 6, 1ª planta
28931 Móstoles-Madrid
www.katzeditores.com

© 2022 Eva Meijer and Uitgeverij Cossee BV, Amsterdam

Título de la edición original: *Verwar het niet
met afwezigheid. Over politieke stiltes*

ISBN Argentina: 978-987-4001-56-6
ISBN España: 978-84-15917-81-6

1. Análisis Político. 2. Estudios Culturales. 3. Ensayo
Filosófico. I. Van Muylem, Micaela, trad. II. Título.
CDD 190

Este libro fue publicado con el apoyo
de la Fundación neerlandesa de letras.

**N ederlands
letterenfonds
dutch foundation
for literature**

El contenido intelectual de esta obra se encuentra
protegido por diversas leyes y tratados internacionales
que prohíben la reproducción íntegra o extractada,
realizada por cualquier procedimiento, que no cuente
con la autorización expresa del editor.

Diseño de colección: tholön kunst

Impreso en España por Romanyà Valls S. A.
08786 Capellades
Depósito legal: M-9469-2025

Índice

Introducción
Del silencio político
a los silencios políticos

Los límites del lenguaje definen los límites de la comunidad política, dice Aristóteles. El lenguaje es la casa del ser, sostiene Heidegger. Los límites de mi lenguaje son los límites de mi mundo, afirma Wittgenstein.

En la filosofía occidental, el habla está por encima del silencio.[1] El lenguaje no solo conforma el pensamiento, es la entrada a una gran cantidad de cosas, al hacer democrático, la moral e incluso la muerte. Pero la historia no ha establecido de manera definitiva quién tiene el derecho de hablar: si se trata de

---

1 Me referiré a varios tipos de silencio de otras tradiciones, como la de los pueblos originarios o *indigenous* norteamericanos, y analizaré el papel que juega el silencio en Japón. En dichas tradiciones el silencio tiene un papel muy diferente. Sin embargo, aquí no me enfocaré en ellas, me limitaré más bien a los silencios de aquello que denominamos filosofía occidental.

ciudadanos, de hombres o de personas. Los esclavos no, los animales no, los bárbaros no. Y el caso de las mujeres, ese es complicado.

Pero si todos esos grupos también hablan, pensará usted, a excepción de los animales, claro. Sin embargo, el silencio que se les ha impuesto a esos grupos no tiene nada que ver con lo que dicen, sino únicamente con las relaciones de poder de cada época.

Y las relaciones de poder son resistentes. Cuando un grupo ingresa a la comunidad política, a menudo perduran resabios de su exclusión. A las personas que integran el nuevo grupo se las suele tomar menos en serio que a las demás, porque se expresan de manera diferente. O se pone en duda su capacidad de expresarse políticamente, dado que lo que se considera el verdadero lenguaje político es algo que se ha establecido dentro de las viejas relaciones de poder. Por ello, quienes pertenecen a un grupo nuevo tienen una voz política menor: un derecho a hablar reducido, menor participación, menos poder. En determinado momento, las mujeres, por ejemplo, obtuvieron derechos políticos, pero eso no significó que inmediatamente tuvieran el mismo poder y la misma participación política que los hombres. Incluso ahora, un siglo después de conseguir el derecho al voto, las mujeres que se expresan en la política y en el ámbito de lo público –por caso, en las redes sociales– reciben un trato diferente que el que reciben los hombres.

Es decir que los silencios políticos suelen estar relacionados con un tipo de opresión. Pero el silencio también puede ser un modo de comunicación política, o de resistencia, por ejemplo, cuando alguien se niega a cumplir un papel injusto. Y el silencio viene de la mano de la escucha, y la escucha también puede ser política. Asimismo, el rol del silencio en los intercambios, la sociedad y la política varía según la cultura, los grupos y las especies.

Analizar la relación entre silencio y política no solo es importante desde el punto de vista democrático, para procurar que cada cual tenga una voz en aquellas cuestiones que atañen a su propia vida, también reviste una importancia epistemológica. El modo en que se definen el lenguaje y el silencio políticos no solo determina quién tiene derecho a hablar con quién, sino también qué temas se ponen sobre la mesa y, con ello, cómo se construye el conocimiento. Quién habla con quién es tan importante como qué se dice en la conformación de la verdad y los significados, dice la filósofa Linda Martín Alcoff. Cuando se excluyen personas de determinados grupos, se omiten puntos de vista. Y, en sentido inverso, es una cuestión política a quién se reconoce como un ser con capacidad de habla, una consecuencia de relaciones en la sociedad que no son irrevocables. Lo mismo ocurre con lo que se considera lenguaje. La lingüística y la filosofía del lenguaje no son neutrales en ese sentido, pues se rigen a menudo por relaciones sociales y políticas preexistentes, como demostraré más adelante en el caso del lenguaje de los animales.

Reflexionar sobre los silencios políticos es poner en discusión los límites de lo que normalmente entendemos por política. Las acciones de niños y animales, seres que no suelen considerarse actores políticos, quizá sí sean parte del dominio de lo político. Trasladar la atención de la lengua al silencio es mostrar acciones y prácticas políticas que de lo contrario permanecen invisibilizadas.

Es decir que el silencio no es la mera ausencia de lenguaje, palabras o intercambio, sino un fenómeno independiente. Mejor dicho, una serie de fenómenos, dado que hay muchos tipos de silencios, entre ellos, incontables silencios políticos. Y la frontera entre silencio y lenguaje tampoco es tan precisa como parece a primera vista. En una conversación son necesarios tanto el habla como el silencio, escuchar y callar. Algunos actos de habla son silenciosos, algunos silencios portan un mensaje claro. También hay silencios en la lengua misma, cosas que no se dicen o no se pueden expresar con palabras.

A continuación, analizaré en detalle cuatro familias de silencios políticos. La primera familia de silencios abarca los silencios negativos: silencios vinculados con la exclusión. Un ejemplo muy conocido es lo que en inglés se denomina *silencing*, pero también existen otras prácticas en las que se utiliza el silencio para dejar fuera del juego político a un grupo determinado. La segunda familia de silencios que presentaré es la de los silencios que se desprenden de la forma en que se habla. En la política actual de los Países Bajos, por ejemplo, la lengua tiene un uso sobre todo instrumental, lo que implica que ciertas cuestiones políticas no se puedan discutir y que se invisibilicen algunos puntos de vista. La tercera familia es la del silencio como resistencia. Porque el silencio también puede ser un arma política, a veces incluso la única disponible. Por último, analizaré los silencios vinculados con la transformación.

El silencio encierra lo nuevo, pero el silencio, si implica escuchar y callar, también puede contribuir a la mejora de prácticas políticas existentes.

Analizaré estos silencios para comprender mejor qué papel juega y puede jugar el silencio en la política, y para echar luz sobre cuestiones vinculadas con el hecho de hablar y de guardar silencio en la política y el debate público de hoy. El silencio a menudo se parece a una invisibilidad, por lo cual es difícil de asir, y aun si aprendemos a escuchar mejor siempre habrá silencios políticos que todavía no conocemos. Este ensayo es por lo tanto imposible de completar. Sin embargo, en lo incognoscible del silencio radica la esperanza: entre, al lado y detrás de las palabras siempre habita un futuro diferente.

1
El silencio como exclusión

Silence can be a plan / rigorously executed /
the blueprint to a life / It is a presence / it has
a history a form / Do not confuse it / with any
kind of absence
Adrienne Rich, *Cartographies of Silence*[1]

El silencio como borramiento de lenguas

En Suecia, durante mucho tiempo, los samis –los
habitantes originarios de Laponia– fueron conside-

---

1 El silencio puede ser un plan/ ejecutado con rigor/ la copia
heliográfica de una vida/ Es una presencia/ tiene una historia y
una forma/ No lo confundas/ con cualquier clase de ausencia.
Traducción de Sandra Toro, disponible en: https://www.
revistaadynata.com/post/cartograf%C3%ADa-del-silencio-
cartographies-of-silence---adrienne-rich.

rados un pueblo inferior. Se esperaba que se asimilaran a la sociedad y, hasta los años setenta del siglo pasado, el Gobierno sueco implementó una serie de políticas activas para lograrlo. Muchos samis se vieron forzados a abandonar sus costumbres e identidad y a participar de la sociedad bajo las condiciones del Estado sueco. Eso provocó que determinados aspectos de su cultura desaparecieran casi por completo. Lo mismo ocurrió con sus lenguas.[2]

Las lingüistas Patricia Fjellgren, que es sami, y Leena Huss, una suecofinesa, han investigado sus lenguas y describen cómo en la actualidad Suecia ha reanimado las lenguas bajo la influencia de nuevas concepciones acerca de la decolonización.[3]

2 Las lenguas de los pueblos sami se hablan en cuatro países: Finlandia, Noruega, Rusia y Suecia. Según el Parlamento sueco sami (www.sametinget.se), la población sami es de entre unos 80.000 a 100.000 habitantes, de los cuales entre 20.000 y 35.000 viven en Suecia. Durante mucho tiempo se reconocieron tres lenguas sami en Suecia: el sami septentrional, el sami lule y el sami meridional. Hace poco tiempo se sumó otra, el sami de ume, y en la actualidad se está analizando una quinta, el sami de pite.

3 Me baso en el siguiente artículo: Patricia Fjellgren y Leena Huss, "Overcoming Silence and Sorrow: Sami Language Revitalization in Sweden", *International Journal of Human Rights Education*, vol. 3, n° 1, 2019, p. 4.

A pesar de que es conocido como un país de avanzada, la posición del sami fue durante mucho tiempo un punto ciego para Suecia. Eso cambió en el año 2000 cuando, siguiendo tratados internacionales, se implementó una política de minorías. También se reconoció la importancia de las lenguas sami y en 2008 se fundó el Sami Language Center. Este instituto está en manos de samis locales, que entienden la rehabilitación de sus lenguas como un modo de emancipación. No es un proceso sencillo; el conocimiento de sus lenguas está muy fragmentado, pues muchos samis mayores ya no están habituados a utilizar su lengua, y los más jóvenes suelen comprenderla, pero no son capaces de hablarla. Este problema no solo es de índole práctica. Los samis de edad más avanzada han declarado que no les gusta hablar su propia lengua, porque en su juventud siempre recibieron comentarios negativos al respecto. También en las generaciones más jóvenes se observa cierta resistencia, por influencia del silencio de los padres y puesto que por mucho tiempo fue considerada una lengua inferior.

En el Sami Language Center, los jóvenes aprenden la lengua de la manera más práctica posible, en paseos o mediante actividades con los mayores, como cocinar. También hay un programa para infancias, Gïelečirkuš (Circo de la Lengua), en el que los niños aprenden trucos circenses a la vez que nuevas palabras. Al comienzo, el (re)aprendizaje de las lenguas sami y transmitir el conocimiento que albergan fue un gran desafío para muchos; algunos incluso lo describieron como algo traumático. Los participantes comenzaron a ver las faltas que implica no poder hablar con sus propias palabras, y tomaron conciencia de todo lo que habían perdido, como la confianza en su propia cultura. En las clases de lengua y gracias a la investigación en el instituto, poco a poco fue surgiendo una nueva actitud hacia las lenguas y una nueva noción de su valor para la comunidad.

Las lenguas están estrechamente vinculadas con la percepción y la experiencia. Las palabras que tenemos a disposición determinan lo que somos capaces de decir y, a la inversa, las lenguas expresan la experiencia vital de los hablantes. Las lenguas sami son muy descriptivas y, por ejemplo, tienen muchas palabras para fenómenos de la naturaleza para los que a menudo no hay equivalentes en sueco.

Redescubrir las lenguas sami cambia el mundo de sus hablantes. Este ejemplo también nos muestra el alcance que tiene para los hablantes que su lengua se reduzca. El colonialismo no solo destruye materialmente el mundo a través de la ocupación territorial y del trabajo humano. También altera la manera en que las personas y otros animales pueden conformar e interpretar su entorno. Esto influye en la autopercepción de los hablantes, su relación con el mundo y los vínculos que mantienen entre sí.

El silencio como exclusión externa o interna

Puede parecer que quien tiene acceso al lenguaje tiene acceso al poder, pero a menudo es al revés: quien tiene acceso al poder determina quién puede acceder al lenguaje e incluso qué es el lenguaje. El ejemplo de las lenguas sami ilustra la forma que adquiere esto en una relación de poder colonial. Sin embargo, incluso en democracias liberales sin colonialismo de asentamiento, como la de los Países Bajos, las relaciones de poder históricas y presentes influyen en lo que se considera una lengua.

Los límites de la comunidad democrática se han ido modificando a lo largo de los siglos con la influencia de movimientos sociales. Se abolió la esclavitud y las personas negras obtuvieron derechos civiles, al igual que las mujeres. Pero adquirir esos derechos no significó que las personas pertenecientes a esos grupos automáticamente pudieran participar con pleno derecho de la política. La exclusión de las mujeres, por ejemplo, iba de la mano de una concepción sociocultural de lo que significa ser mujer. Las mujeres han sido consideradas más emocionales, físicas, menos racionales que los hombres y por ello, incapaces de una participación política. Los resabios de esas concepciones siguen jugando un papel en el modo en que se juzga a las mujeres en la política. Por ejemplo, se las cuestiona acerca de su familia y su aspecto, y cuando lloran o se enojan esto se interpreta con una carga muy diferente que cuando los hombres expresan emociones.

La filósofa política estadounidense Iris Marion Young señala que este tipo de procesos culturales influyen en la comunicación política. Las personas que pertenecen a grupos tradicionalmente más poderosos son tomadas más en serio que otras, y lo mismo ocurre con su modo de hablar. Young sostiene que en la política oficial el énfasis está en los argumentos y en un modo de hablar orientado a delimitar intereses. Este modo de hablar político es propio de una determinada clase y se ha establecido a través de relaciones de poder preexistentes, y las personas que se expresan de un modo diferente no se toman tan en serio.

En *Inclusion and Democracy*, a este mecanismo Young lo llama exclusión interna. Esta ocurre cuando alguien tiene el derecho formal de hablar, pero tiene menos voz porque se le presta menos atención, por caso, porque no maneja bien la lengua, o porque se expresa con más emociones que su oponente o, por el contrario, porque habla más bajo. La exclusión interna está enraizada en relaciones de poder históricas y a menudo afecta a quienes pertenecen a minorías.

La exclusión interna es menos visible que lo que Young denomina exclusión externa que ocurre cuando alguien no tiene ninguna posibilidad de participar y no es considerado parte de la comunidad política. En los Países Bajos, esta forma de exclusión afecta, entre otros, a los animales no humanos y a personas sin derechos civiles, como los refugiados indocumentados.

Ambas formas de exclusión imponen silencio a determinados seres, pero la exclusión interna no suele ser reconocida como exclusión. Se trata de un problema democrático, porque evidentemente influye en la toma de decisiones políticas.

Basándose en su propia vida, la poeta y pensadora Audre Lorde hace un análisis profundo de este mecanismo.[4] Ella sostiene que a lo largo de su educación, las mujeres negras aprenden que su voz no tiene validez. Aunque legalmente tienen derechos, deben luchar contra prejuicios y a menudo son ignoradas. No solo no se las escucha: su punto de vista se reduce a algo insignificante. Y si, a pesar de ello, se atreven a hablar, corren peligro.

Aun así, Lorde nos invita a hablar. "Hay que exigir la lengua", dice. Porque si guardamos silencio acerca de las cosas que nos importan, ese silencio nos crece adentro hasta hacernos estallar. Si nos expresamos, somos visibles. Por otro lado, si somos visibles nos pueden cortar la cabeza. Pero el silencio encierra el mismo peligro, porque si callamos, otros deciden por nosotros y en nuestro lugar.

4 Audre Lorde, "The Transformation of Silence into Language and Action", en Barbara Ryan (ed.), *Identity Politics in the Women's Movement*, Nueva York, New York University Press, 1977, 2001, pp. 81-84. [Trad. esp.: "La transformación del silencio en lenguaje y acción", en *La hermana, la extranjera. Artículos y conferecias*, Barcelona, horas y HORAS, 2003].

Lorde describe su propia situación, pero también convoca a otros a que hagan oír su voz. Los silenciados deben unirse para quebrar el sistema. Y eso es necesario porque la exclusión de determinados grupos que no tienen acceso al lenguaje político está arraigada en las estructuras de nuestra sociedad. El neerlandés no tiene una palabra para esos mecanismos, pero en inglés el borramiento estructural de la voz política y social de individuos por su pertenencia a determinado grupo se denomina *silencing*.

El silencio como *silencing*

El *silencing* es más que acallar: no solo priva a una persona de su posibilidad de hablar, también niega la validez de sus declaraciones. Quien ha sido silenciado no puede compartir su relato, pues el relato y el narrador ya han sido descalificados previamente.[5]

---

5 Esto es de gran importancia en la política, pero también en el debate público, en la filosofía, en la literatura y en otros campos. Para sus efectos en la historia de la literatura y, en líneas más generales, la tendencia actual de recuperar el lugar de las mujeres

No se trata entonces de momentos en que se hace callar a ciertos individuos, sino de las dimensiones estructurales del acallamiento de determinados grupos humanos y de otros animales.

Hay diferentes modos de *silencing*. En algunos casos, alguien no tiene voz en una discusión o debate políticos porque el moderador o moderadora expresamente lo ignora o porque otros le cortan sistemáticamente la palabra. A veces, una persona sufre de burlas cuando dice algo, por caso, porque la tachan de histérica, lo cual implica que sus palabras no tengan llegada. Otras veces la posición de una persona es tachada de irrelevante. Es decir que el *silencing*, al igual que el silencio, es múltiple: puede incluir todo tipo de prácticas.

El *silencing* no solo influye en quién habla, sino también en aquello sobre lo que se discute. El filósofo posestructuralista francés Jean-François Lyotard describe esta lógica de la mano de lo que denomina el *différend*. Se trata de una situación en que una víctima no tiene acceso al discurso en la comu-

---

en la escritura de la historia, véase, por ejemplo, *Silences* de Tillie Olsen (1978) [trad. esp.: *Silencios*, El Prat de Llobregat, Las afueras, 2022].

nidad para plantear lo que ha sufrido. Esto funciona del siguiente modo. Normalmente, en el caso de un conflicto, hablamos de un estándar común para dimensionar dicho conflicto. Por ejemplo, algo es punible según una ley válida para ambas partes. En el caso del *différend* no existe dicho estándar, por lo cual el problema no puede ser descrito como tal; por ejemplo, cuando una víctima no tiene la oportunidad de atestiguar o se pone en duda la veracidad de sus declaraciones, su lengua se considera irrelevante, o bien la víctima y el victimario hablan la misma lengua, pero por la relación de poder el conflicto no es reconocido como conflicto por la parte más poderosa. Durante la Segunda Guerra Mundial, por ejemplo, los judíos no podían expresar la violencia sufrida en la lengua del poder. Podían ponerla en palabras, pero debido a su posición, no se les reconocía la violencia sufrida.

Poder expresarse parece ser una cuestión de libertad individual: en los Países Bajos tenemos libertad de expresión, es decir que podemos decir de todo. Sin embargo, aquello que podemos decir, cómo podemos decirlo y quién puede hablar depende siempre de cómo está estructurado un determinado discurso. Dicho discurso –la totalidad de expresiones del lenguaje que determina sus significados– precede al individuo. Existe ya antes de que aprendamos a hablar, es más, es justamente *en* dicho discurso que lo aprendemos. El lenguaje disponible no solo conforma lo que se puede decir, sino también a quién se considera un interlocutor serio. Los individuos pueden ejercer cierta influencia, pero siempre están atados a relaciones sociales y políticas.

El *silencing* puede ser intencional, malintencionado y delictivo. También puede ser accidental, cuando quienes lo ejercen o permiten su continuidad están tan acostumbrados a su propia posición que no perciben la desigualdad. A menudo, la realidad se encuentra entre estos dos extremos.

EL *SILENCING* POR COSTUMBRE

Hay personas que quieren acallar muy conscientemente a otras, como los políticos que ponen en discusión la capacidad política de sus oponentes en el Congreso, o también los ciudadanos que amenazan en las redes sociales a políticos negros o a mujeres. Pero gran parte de las estructuras de habla y las formas de *silencing* están integradas en un sistema cultural más grande; están ancladas en leyes e instituciones, en prácticas políticas, en nuestra conciencia colectiva, en las ideologías que determinan la imagen que tenemos de nosotros mismos y del mundo.

La actuación, el pensamiento y el habla cotidianos no son algo que nace cada día en cada individuo. Es, en gran medida, una continuación de la estructura social en la que vivimos. Es tan habitual que no lo percibimos. El sociólogo Pierre Bourdieu denomina a este entramado *habitus*. El *habitus* abarca costumbres, concepciones y capacidades que determinan el modo en que los individuos perciben la realidad social que los rodea y cómo reaccionan ante ella. Es un fenómeno en parte social y en parte individual. El *habitus* también determina nuestro sistema de pensamiento y nuestras normas. Mucho de nuestro hacer está condicionado por el hábito: es una parte sobreentendida de un sistema mayor que determina a qué estamos acostumbrados y qué es lo aceptable.

También se define así quién habla y quién calla. Puede ser un hábito tomar primero la palabra para hablar mucho, con lo cual otros no pueden hacer uso de la palabra. Este fenómeno se da en conferencias, pero también en la política, en grupos de trabajo en la universidad y en encuentros académicos. Por ello, en algunos congresos académicos se les suele dar la palabra primero a las mujeres después de una presentación, de lo contrario los hombres acaparan todo el tiempo de discusión. Si nunca has tenido un obstáculo, hay muchas posibilidades de que consideres tu derecho a hablar primero como algo completamente natural. Y si alguien te señala que siempre tomas primero la palabra y que eso va en detrimento de las posibilidades de expresión de otros, puede que lo interpretes como un atentado contra tu libertad individual, tú simplemente hablas. Que el otro hable más fuerte, entonces, o que se venga con algo mejor, o que sea más rápido.

Este ejemplo tiene consecuencias diferentes que el de privar a los samis de sus idiomas o el *silencing* que describe Lorde. Pero si un grupo selecto sistemáticamente ocupa todo el tiempo de habla, influye en el tipo de cosas que se discuten.

Las jerarquías que a determinados grupos les otorgan más voz que a otros no son absolutas, es más: hoy muchas de ellas están en tela de juicio. Dado que el *silencing* afecta a tantos grupos diferentes y puede adoptar tantas formas, no hay una única receta para la transformación. Este también es un proyecto que no termina nunca. Escuchar mejor es importante, al igual que prestar más atención a este tipo de procesos en prácticas e instituciones.

Pero surgirán nuevas voces que la comunidad política no valora, a pesar de que debería hacerlo. Como las de los demás animales y, quizá, las de las plantas y hongos.

Combatir el *silencing* no significa que un grupo tenga que ser llevado desde el silencio hacia el lenguaje. Cada grupo se expresa de manera diferente, y para tomárselo en serio a veces es necesaria una revisión de aquello que se considera lenguaje político. Eso no solo es importante en función de quién tiene el derecho de participar de la conversación, sino también de qué aspectos es posible discutir.

El silencio como ocultamiento de intereses

En un discurso existente no solo se ahogan determinadas voces de forma sistemática, también se invisibilizan algunos asuntos. #MeToo, #BlackLivesMatter y las huelgas y marchas a gran escala por el cambio climático que se iniciaron en 2019[6] son ejemplos de movimientos sociales que ponen sobre el tapete problemas que son difíciles de articular en el marco liberal-democrático. Las personas integran estos movimientos por fuera de las instituciones políticas oficiales, ya que los problemas que sufren no se consideran delitos o siquiera asuntos políticos. Encuentran refugio en los testimonios compartidos en internet, en huelgas y manifestaciones.

#MeToo

En octubre de 2017 muchas personas (principalmente mujeres) comenzaron a compartir en Twitter y otras redes sociales relatos sobre su experiencia como víctimas de conductas sexuales inapropiadas. Se utilizó para ello el hashtag "MeToo".[7] Una parte

6 Una nueva agrupación por el cambio climático importante es Extinction Rebellion, pero aquí analizo explícitamente a los niños y jóvenes que protestaron por el cambio climático y que en ocasiones integraban Extinction Rebellion y en otras, no.

7 La activista Tara Burg ya había utilizado el eslogan en 2006 en MySpace, en 2017 se viralizó en las redes sociales tras una convocatoria de la actriz Alyssa Milano.

de las experiencias que compartieron son punibles, como el caso de una violación, pero muchos testimonios describían otros tipos de conducta sexual inapropiada. Comentarios despectivos, contactos no consentidos, desigualdad estructural dentro de instituciones, jerarquías oxidadas: asuntos del terreno de lo privado, las cosas que hay que soportar si por esas casualidades pertenecemos a la categoría de mujer, o si por otros motivos nos encontramos en una posición jerárquica inferior. Pero estos asuntos también marcan vidas y condicionan carreras profesionales. Además de determinadas relaciones de poder, se puso sobre la mesa la postura de las instituciones. La violencia sexual a menudo es difícil de demostrar, por lo cual en los Países Bajos aún hoy es frecuente que a las víctimas se les recomiende no hacer la denuncia.

Existen formas de abuso sexual o de poder en relación con el género que no se resuelven con el derecho al voto femenino y penalizando las violaciones. El movimiento #MeToo no solo tiene el objetivo de demostrar que una gran parte de las mujeres y personas de otros géneros ha sufrido violencia sexual. El hashtag también invita a llamar por su nombre a la violencia cotidiana, a menudo invisible, para que le hagamos justicia en la práctica a aquella igualdad que en la teoría nos parece tan importante.

Es decir que el éxito del hashtag no se puede medir en función de las condenas o de un cambio en el poder. La cuestión es poder reconocer las formas de violencia naturalizadas en la sociedad como tales, y si se establecerán así nuevas normas y se adecuarán las leyes y otras instituciones.[8] Esto puede suceder si mejoran los procedimientos existentes, como el de las denuncias, pero también contratando a los denominados asesores confidenciales o consejeros de confianza, como ocurre ahora a gran escala, prestando mayor atención a este tipo de problemas en la educación y dando continuidad a la discusión colectiva sobre el asunto.

La democracia es un diálogo sobre la convivencia o, mejor dicho, una serie de diálogos entre diferentes personas que se encuentran en diferentes estratos de la sociedad. #MeToo es uno de esos diálogos sociales. Dado que el diálogo sobre ciertas formas de violencia y desigualdad no puede plantearse dentro de la política oficial y el derecho, ocurre por fuera. No

---

8 *"Abuse of Power Comes as No Surprise"* [El abuso de poder no es ninguna sorpresa], escribe Jenny Holzer.

se trata de algo que funcione a la perfección, quizá los testimonios personales sean menos justos que las leyes, quizá haya personas que posteen por rencor, quizás incluso estén operando nuevos mecanismos de exclusión. Pero parece imposible poner esto en discusión dentro de la lengua oficial del poder. Que haya víctimas que busquen la venganza o que haya personas a quienes les interese la venganza sin ser víctimas es algo problemático, pero no quiere decir que el movimiento no tenga razón. Quien tacha estos testimonios de no válidos sostiene el sistema. Y precisamente el sistema es lo que debe cambiar.

#BLACKLIVESMATTER

#BlackLivesMatter es un movimiento internacional que se originó como reacción a la violencia policial contra ciudadanos negros en los Estados Unidos. También este movimiento se inició con un hashtag, ya en 2013, después de que el estadounidense blanco George Zimmerman fuera declarado inocente del asesinato del joven negro de 17 años Trayvon Martin un año antes. Además de acciones en línea, los activistas organizaron marchas y otras protestas por la violencia contra personas negras.

En los Países Bajos, el #BlackLivesMatter se convirtió en un importante movimiento de protesta en 2020. Después de la muerte de George Floyd en mayo de dicho año en Mineápolis, se organizaron manifestaciones en todo el mundo. A pesar de que en una primera instancia las protestas en los Países Bajos también estuvieron dirigidas contra la violencia policial estadounidense, se estableció pronto el vínculo con una discusión que hace tiempo está vigente en nuestro país, a saber, la del Zwarte Piet o Pedro el Negro.[9] Ya hace décadas hay denuncias por parte de activistas negros porque consideran a Zwarte Piet una figura que representa estereotipos racistas. En 2011, durante un desfile de San Nicolás, Quinsy Gario y Jerry Afriyie protestaron con el lema "Zwarte Piet es racismo". Esto fue recogido por los medios y dio origen a una discusión pública.

9 En los Países Bajos el 5 de diciembre se celebra San Nicolás (el precursor de Papá Noel), que trae regalos a los niños y viene acompañado de un ayudante negro, Zwarte Piet, interpretado por personas blancas que se pintan la cara de negro. Se lo ha denunciado como una tradición racista, resabio de la época del Imperio colonial neerlandés; sus defensores alegan que es una antigua tradición infantil, sin connotación racista. [N. de la T.]

En esta discusión, al igual que ocurre con #MeToo, se señala que existen formas de violencia –en este caso, racismo– que no se reconocen como tales. Se habla, por ejemplo, de un racismo cotidiano[10] en los Países Bajos: las personas negras en su vida diaria se ven confrontadas con prejuicios y reciben un trato diferente al de las personas blancas, ya sea en hospitales, en el supermercado o en la calle. También existe el racismo institucional. La figura del Zwarte Piet entra en dicha categoría, al igual que el hecho de que los niños de color suelen recibir recomendaciones de escolarización más bajas y que los estudiantes universitarios con nombres no neerlandeses no consiguen lugares para sus pasantías. El Estado es partícipe de ello, pensemos en la discriminación por parte del fisco o de la policía en registros preventivos. Estas formas de racismo a veces son punibles y a veces no, pero en el conjunto se observa claramente un patrón.[11]

---

10 Véase Philomena Essed, *Alledaags racisme*, Ámsterdam, Feministische Uitgeverij Sara, 1984.

11 Las protestas también demuestran que el rancio racismo aún tiene muchos seguidores en los Países Bajos, como en el caso de las amenazas en redes sociales contra protestas o las pintadas racistas en The Black Archives en 2020.

Las protestas contra el Zwarte Piet y las marchas por #BlackLivesMatter tuvieron un valor educativo al mostrarle ese patrón a un conjunto grande de personas. Por caso, el concepto de "racismo institucional" fue recogido por el público en 2020. Hubo un debate en la televisión pública neerlandesa y se lo discutió en el Congreso. El 1º de julio de 2020 se debatió el asunto en el Parlamento y en diciembre del mismo año fue invitado a una sesión Mitchell Esajas, del centro de difusión The Black Archives.

Tanto el racismo cotidiano como el racismo institucional son formas de violencia marcadas por el hábito. Al igual que la violencia de género, forman parte de un trasfondo social al que muchos se resignan. Un término como *racismo institucional* puede llevarlo a un primer plano, como ocurrió en los últimos años en nuestro país a través de protestas en la política, en el arte y en otros espacios. De esta manera se hace posible hablar de experiencias colectivas, en lugar de desestimar las experiencias individuales como incidentes aislados. Esa es la base del cambio político.

Esta discusión, al igual que la de #MeToo, también se lleva a cabo atravesando fronteras, con lo cual se perfilan determinados patrones con mucha claridad. El colonialismo y la esclavitud nunca funcionan de la misma manera, pero dejan huellas comparables.

El alcance de esta discusión está por verse; el actual corrimiento a la extrema derecha en la política neerlandesa no nos permite abrigar mucha esperanza. Sin embargo, las encuestas de opinión dejan ver por ejemplo que en los últimos diez años ha cambiado mucho la posición de los ciudadanos respecto del Zwarte Piet, y sobre todo los jóvenes entienden que es un problema. Esto nos conduce al futuro.

HUELGAS Y MARCHAS POR EL CAMBIO CLIMÁTICO

Los casos de niños haciendo huelga podrían parecer totalmente fuera de lugar en este conjunto, pero al igual que en los dos casos anteriores, en las marchas por el cambio climático de 2019 y 2020 se trató de señalar un problema que no es punible dentro de la democracia liberal neerlandesa, a saber, el daño que sufre el planeta Tierra debido al cambio climático causado por el ser humano. La crisis ambiental hará de la Tierra un lugar cada vez menos habitable y los niños tendrán que enfrentarse a ello de una manera diferente que los adultos de hoy.

Los niños no tienen derecho al voto ni la posibilidad de influir en decisiones políticas. Estas decisiones, además, a menudo son para el corto plazo, por lo que se ignoran los intereses futuros. En los Países Bajos no se suele pensar más lejos que a cuatro años. Y es cada vez más evidente que ese énfasis en los intereses cortoplacistas es perjudicial para el planeta y el futuro de sus habitantes. Junto con los animales no humanos, el resto del mundo natural y las personas pobres, los niños pertenecen a los grupos más afectados por esto, y la Tierra corre peligro de ser inhabitable para las generaciones futuras.

Faltando a la escuela los viernes, la activista medioambiental sueca Greta Thunberg exigió que sus intereses también se tuvieran en cuenta en la toma de decisiones políticas. Su huelga escolar por el clima, con el hashtag "Fridays for Future", provocó protestas en todo el mundo en las que escolares, universitarios y otros grupos salieron a la calle en nombre del futuro. El futuro propio, pero también el del planeta. Esa es una diferencia con respecto a #MeToo y #BlackLivesMatter: los jóvenes y quienes los apoyan no solo abogan por sus propios intereses.

Los activistas ambientales proponen una imagen del mundo explícitamente holística en la que se vinculan ecología, justicia social y crítica al capitalismo. Para un futuro más habitable, deben cambiar las prioridades.[12]

Esto implica que no alcanza con hacer solo pequeños ajustes al sistema existente, que es lo más habitual en la política ambiental de la mayoría de los países. El sistema político capitalista mismo está

---

12 En el planteo del problema, los ambientalistas suelen utilizar datos científicos que ahora, más que nunca, se ponen en duda, por lo cual existe el riesgo de que se generen nuevos silencios, ya que los políticos y las empresas cuestionan cada vez más lo conocimientos científicos que no los benefician. Esto se hace muy evidente en el contexto del cambio climático. A veces es muy absurdo, como cuando el presidente estadounidense actúa como si no sucediera nada y se burla del conocimiento contrario a sus políticas. Pero también en los Países Bajos hay que acudir a un juez para garantizar determinados derechos, recordemos la demanda que tuvo que realizar la fundación Urgenda al Gobierno [para reducir las emisiones de gases de efectos invernadero, N. de la T.]. Hace tiempo que los intereses políticos y económicos están interrelacionados en los Países Bajos; para citar un ejemplo, podemos mencionar la relación entre el partido Llamada Demócrata Cristiana (CDA, por sus siglas en neerlandés) y los intereses de los agricultores, o entre el Partido Popular por la Libertad y la Democracia (VVD) y las grandes empresas. Los ambientalistas exigen que la política se tome en serio el conocimiento científico.

intrínsecamente atado a la explotación del mundo natural, y mientras esto siga así, poco será lo que cambie. Asimismo, quienes más se ven y se verán afectados menos voz tienen en el sistema. Por ello, las organizaciones ambientalistas deben hacer oír su voz de otras maneras.

El silencio como la imposibilidad de participar de las reglas de juego

Estos tres ejemplos demuestran que la relación entre silencio y poder adopta diferentes formas. En los primeros dos casos, las personas en cuestión son reconocidas como sujetos políticos y existe una legislación contra la discriminación a la cual pueden recurrir, en parte. Sin embargo, la legislación es insuficiente y el sistema no identifica ni reconoce determinadas formas de violencia como tales. En el caso de los ambientalistas, los afectados tienen escasa o nula voz política y quienes están en el poder no se toman en serio o apenas consideran los problemas señalados. Es decir que las personas de los grupos que protestan tienen menos voz, sus intereses tienen una representación inferior y, por ello, determinados asuntos no se reconocen como problemas políticos. Al protestar, se los pone sobre la mesa.

Los ejemplos también demuestran que, en el caso de las instituciones, la división de Young en exclusión interna y externa no es idéntica a la división entre quién tiene o no una voz en la política. Podría creerse que quien sufre de exclusión externa no posee voz y que quien sufre de exclusión interna tiene cierta participación. Pero, pese a tener derechos democráticos en lo formal, las personas que sufren de exclusión interna a veces no consiguen atraer la atención a sus problemas, como ocurre en el caso de #MeToo. Por otro lado, las personas que sufren de exclusión externa en ocasiones sí pueden hacer oír su voz, como los niños haciendo huelga.

Tener una voz política no solo significa poder participar en asuntos políticos formulados dentro de la democracia en que vivimos, sino también poder introducir nuevas cuestiones de interés.

En su análisis de la desobediencia civil, el filósofo canadiense James Tully señala la importancia de poder participar de la determinación de las "reglas de juego" de la democracia. Los derechos nos dan la posibilidad de participar del juego bajo las reglas impuestas por alguien que nos precede. Por ejemplo, podemos tener derecho al voto, a la educación y a la salud. Pero también, en el caso de que las reglas estén bien hechas, nos permiten participar de su elaboración: involucrarnos en el trabajo sobre las leyes y normas, determinar conjuntamente qué es justo en una sociedad, poder presentarnos como candidatos y ser votados. En la reflexión acerca del *silencing* no es suficiente detenerse a ver quién tiene derecho a jugar el juego existente. Se trata justamente de poder participar de las definiciones de las reglas bajo las que vivimos.

El silencio como exclusión de los animales

El silencio de los otros animales puede parecer de un orden diferente al de los silencios humanos que he descrito, porque los animales no hablan un lenguaje humano. Sin embargo, hay importantes patrones comparables. Nunca es idéntica la manera de oprimir a dos grupos diferentes, pero al analizar juntos los diferentes silencios podemos echar luz sobre las estructuras subyacentes.

Los animales no humanos no pertenecen a la comunidad democrática, sus intereses no se tienen en cuenta (o solo apenas) a la hora de tomar decisiones políticas.

En palabras de Tully, no pueden participar del juego de la democracia y bajo ningún punto de vista pueden determinar las reglas del juego. Pero hay algo más: sus lenguajes no son reconocidos como tales, porque el lenguaje se define como propio del ser humano.[13]

Como hemos visto, lenguaje y política se relacionan de distintas maneras, y quitarles el lenguaje a los animales es una manera de robarles la identidad. Qué lenguaje se considera político es una cuestión de relaciones de poder, y el *silencing* está vinculado a otras formas de exclusión. Al igual que entre grupos de personas, entre las personas y otros animales hay relaciones desiguales de poder y de *silencing*. Esto no solo impide su participación política, sino que además se arraiga en las estructuras de conocimiento.

---

13 Aquí presento un resumen de algunas de mis ideas al respecto, que he desarrollado ampliamente en *When Animals Speak. Towards an Interspecies Democracy*, Nueva York, NYU Press, 2019.

Muchas personas que se preocupan por la posición de otros animales se enfocan en su lugar en la comunidad política, y señalan que tener en cuenta sus intereses es una cuestión de justicia y que la exclusión basada en la especie es un tipo de discriminación. Los animales tienen intereses, los seres humanos influyen en gran medida en sus vidas y, por ello, los seres humanos deben incluir los intereses de los animales en las decisiones democráticas.

Hay pensadores que dan un paso más. Los filósofos políticos Sue Donaldson y Will Kymlicka sostienen, por ejemplo, que los animales no solo deberían ser admitidos en los sistemas políticos humanos, sino que deberían poder decidir las leyes bajo las que viven. Los animales poseen una perspectiva propia sobre la vida y la convivencia con los demás y eso, para ellos al igual que para los seres humanos, es de un interés esencial.

Que los animales tienen intereses es un hecho y que debemos tenerlos en cuenta, también. Sin embargo, dado que durante tanto tiempo fueron considerados inferiores, nuestra imagen de los animales está muy contaminada, se basa en ideas estereotipadas acerca de sus cualidades. Donaldson y Kymlicka sostienen con razón que también los animales actúan políticamente, pero no ahondan en la cuestión del lenguaje que, sin embargo, es de gran relevancia, puesto que es un modo de negociar con otros, de cooperar, de tener una visión de su posición. Y, como hemos visto, lo que cuenta como lenguaje es una cuestión política importante.

En la filosofía política, los seres humanos se consideran los únicos seres con la capacidad de hablar y, por lo tanto, de actuar políticamente. Aristóteles ya escribió en la *Política* que los seres humanos son los únicos seres políticos. Otros animales tienen voz, pero solo los seres humanos poseen lenguaje y, con él, la capacidad de distinguir entre bien y mal. Con "seres humanos" Aristóteles se refería a los hombres libres, y así delimitó muy estrechamente la sociedad política. Pero esto también tuvo consecuencias para lo que se considera como lenguaje político e incluso para lo que se considera lenguaje en sí.

Las investigaciones sobre animales tienden a seguir normas sociales. La psicóloga Vinciane Despret llevó a cabo algunas investigaciones sobre animales. En su libro *¿Qué dirían los animales si les hiciéramos las preguntas correctas?* demuestra que las ideas históricamente determinadas que tienen los seres humanos acerca de las jerarquías han influido en el abordaje de las investigaciones sobre animales y, por ende, en sus resultados. Tomemos la idea del macho alfa. Esta sostiene que, en algunas comunidades de animales, como el caso de los lobos o los monos babuinos, hay un macho en una posición superior. Su pareja es la hembra alfa y luego le siguen los animales menos fuertes. Esta teoría de las relaciones sociales fue desarrollada por investigadores con una concepción de relación jerárquica entre el hombre y la mujer.

Para su investigación sacaron a los animales de su entorno y los distribuyeron de modo que las familias quedaran juntas, por ejemplo, en zoológicos. Los animales recibían poco alimento y se originaron conflictos, tras los cuales se estableció una jerarquía. Pero esto estuvo determinado por condiciones artificiales. La investigación se utilizó luego para legitimar las relaciones entre las personas: es natural para la mujer estar por debajo del hombre.

La investigación acerca de su lenguaje también se configuró bajo preconceptos humanos. Durante mucho tiempo, la investigación científica partió de una concepción del mundo antropocéntrica, en la que el ser humano no solo era entendido como un animal singular, sino también como el más importante. Este punto de partida implicó que para la investigación empírica sobre los lenguajes de los animales el parámetro de lo que es un lenguaje fuera durante mucho tiempo el humano. Por ejemplo, se intentó enseñar a hablar en una lengua humana a chimpancés, papagayos e incluso a delfines. El objetivo no era descubrir qué tenían para decirnos los animales o qué se intentaban decir entre sí, sino investigar cuestiones del ser humano, por ejemplo, si el lenguaje humano es una cuestión natural o cultural.

Si se toma el lenguaje humano como modelo, por supuesto que la mayoría de los animales no producen muy buenos resultados. Muchos no pueden pronunciar palabras, algunos ni siquiera tienen una voz perceptible para el oído humano. Se comunican de diferentes maneras, por ejemplo, con olores, colores, posturas corporales, contacto visual o movimientos. Dado que la investigación se llevó a cabo de esta manera, quedó intacta la concepción de que los animales son mudos y esto tuvo consecuencias para su posición en la sociedad. En algunos casos incluso se llegó a la conclusión de que no piensan o de que no sienten.

Las investigaciones actuales acerca de los lenguajes de los animales demuestran que no se puede trazar una línea clara entre seres humanos y otros animales, ni en los sentimientos, la cultura, la razón ni en muchos otros tipos de capacidades en el campo de la lengua.[14] Las diferencias son graduales, no categóricas, y diferente no significa inferior. El ser humano tiene un mal olfato y le cuesta comprender el significado de los olores. Aún ignoramos mucho acerca de los lenguajes de los animales, a menudo no sabemos ni siquiera cuáles son los interrogantes adecuados a formular en la investigación.

Pero la imagen de los animales como seres mudos es difícil de erradicar. Algunas personas escuchan a sus mascotas o a las aves en el jardín, pero en nuestra sociedad las perspectivas de los demás animales no se toman en serio ni en lo cultural ni en lo político ni en lo social. Esto tiene consecuencias políticas y económicas de gran trascendencia, y hay personas y empresas que se benefician manteniéndolos callados.

La cuestión de los animales es un caso extremo de *silencing*, uno que niega incluso que sean seres

---

14 En *Dierentalen* analizo detenidamente este aspecto y brindo algunos ejemplos [trad. esp.: *Animales habladores. Conversaciones privadas entre seres vivos*, Madrid, Taurus, 2022].

que poseen la capacidad del habla. Pero también entre humanos hay a menudo lenguas que se consideran inferiores, y las personas pertenecientes a determinados grupos no son reconocidas como seres con la capacidad del habla. Tampoco los animales tienen acceso al discurso que podría llamar la atención sobre sus intereses.

Por ello, las personas que se preocupan por la situación de los demás animales suelen escribir que tenemos que darles voz o hablar en su nombre. Pero los animales ya hablan, aun si esa capacidad no se les reconoce. Hablan desde siempre. Y hablar en nombre de otros implica ciertos problemas.

El silencio como modo de hablar en nombre de otro

"¿Puede hablar el subalterno?", pregunta la pensadora Gayatri Chakravorty Spivak en un artículo con el mismo título. ¿Acaso los seres de clases sociales inferiores son capaces de hablar? Se trata de una pregunta retórica: al ser definidos como subalternos, ciertos grupos no pueden hablar. Es decir, hablan, pero no son escuchados y, por ende, carecen de voz. Spivak analiza cómo ocurre esto y qué se le puede contraponer. Esto último es complejo. Hablar por otros, como hace ella en ese texto, es problemático y paradójico: se habla en la lengua del poder acerca de quienes tienen intereses que no pueden articularse en ella o que, en todo caso, no pueden articular ellos mismos. Esto acarrea el riesgo de que la relación de poder se inscriba más profundamente en la sociedad y, además, no hace justicia a lo que ellos mismos sostienen.

Las feministas y otros pensadores críticos advierten a menudo acerca del peligro de hablar por otros. Se lo considera algo arrogante, no ético y políticamente ilegítimo, dice la filósofa Linda Martín Alcoff.[15] En el caso de las mujeres, funciona del siguiente modo: las mujeres pueden tener todo tipo de experiencias vinculadas con su lugar en la sociedad, en ello puede influir el color de piel, la orientación sexual o la posición económica. Cuando una mujer privilegiada habla en nombre de todas las

---

15 Linda Martín Alcoff, "The Problem of Speaking for Others", *Cultural Critique*, vol. 20, 1991, pp. 5-32.

demás mujeres, corre el riesgo de mantener e incluso fortalecer otras relaciones de poder.

Hablar en nombre de otro no solo influye en lo que se dice, el modo en que el tema se saca a la luz y el significado que se le asigna: también reafirma la idea de que quien habla es quien tiene derecho de hablar. Y esto puede provocar mayor opresión. Además, las personas nunca pueden trascender del todo su propia posición. El contexto y la posición social de alguien influyen en el conocimiento que posee; uno puede estudiar a fondo al otro, pero el relato propio sobre el otro se ve limitado por la posibilidad que cada cual tiene de hacerlo bien, y eso depende de la situación de cada uno. Según Spivak, hay que pensar en hablar con en lugar de por otro. Esto no solo se aplica a otras personas, sino también a los animales.

Sin embargo, hay situaciones en las que sí es posible o necesario hablar por otros y también es cierto que puede ser problemático hablar por uno mismo. A qué grupo pertenecemos no es algo preestablecido, escribe Alcoff. ¿Es *mujer* un término suficiente para definirnos como grupo o es una categoría demasiado amplia? Asimismo, no es fácil definir cuáles son nuestros propios intereses, porque desconocemos el futuro y no tenemos toda la información que nos garantice una buena elección. Hablar siempre es una forma de representación: incluso cuando hablamos en nombre de nosotros mismos, como individuos, nos presentamos de determinado modo ante los demás, trazamos una imagen propia incompleta y no podemos controlar cómo los demás van a recibir nuestras palabras ni qué alcance tendrán.

Si otro es capaz de hablar por sí mismo, lo mejor es callarnos la boca. Pero guardar silencio también puede mantener el *statu quo*, y eso puede llegar a entorpecer cambios políticos, porque en ocasiones un asunto político solo puede plantearse en la lengua del poder.

Este recorrido por las posibilidades de hablar por otros demuestra, ante todo, que debemos ser conscientes de lo que estamos haciendo. Quien tiene el poder de hablar también tiene una responsabilidad cuando habla en su propio nombre –porque también en ese caso influimos en otros–, pero más aún cuando habla por los demás. Es ilusorio pensar que podemos llegar a resolver el problema de hablar por otro, escribe Alcoff. Pero sí es posible ser cuidadosos al analizar cuál es nuestra posición de poder y qué influencia tienen nuestras palabras. Y eso es diferente en cada situación. Es imposible analizar cabalmente la propia posición, pero podemos hacer ciertas estimaciones al respecto y contribuir así con quién tendrá la posibilidad de hablar en el futuro.

EL SILENCIO COMO ALMACÉN DE VOCES EXCLUIDAS

Quién podrá hablar en el futuro no es algo invariablemente establecido. Pero tampoco lo está el pasado. En el caso del futuro es evidente: puede haber nuevos grupos que adquieran el derecho a hablar. Sin embargo, el relato del pasado también cambia a lo largo del tiempo.

El filósofo suizo Max Picard sostiene que tenemos las palabras que se han escrito en un tiempo determinado y que arrastran tras de sí todo un bloque de silencio, el de los trabajadores, el de las mujeres, de los animales, de los esclavos, de los locos.

El filósofo francés Jacques Derrida señala algo similar en relación con los archivos. En la palabra misma *archivo* está *arkhé*, dice, que significa "comenzar" y también "mandato". Pero proviene de *arkheîon*: la casa de los mandatarios o *arcontes*, donde se resguardaban las leyes confeccionadas y los documentos oficiales. De ese modo, el poder determinó literalmente qué se conservó y con qué palabras.

Pero los muertos nunca callan del todo. Sus voces se esconden en los vacíos que se generan en oposición a lo dicho, en los espacios entre las palabras, en sus propios textos e imágenes y, a veces, incluso en sus huesos y tumbas.

Los textos que nos fueron legados tampoco son unívocos. Se escribieron con determinado objetivo, poseían en su tiempo un estatus determinado, pero luego su significado cambió bajo la influencia de nuevos acontecimientos, visiones, mandatarios. El tiempo mismo parece mudo, pero también habla. Un ejemplo de ello es el interés actual por las filósofas que hubo a lo largo de la historia y por la filosofía africana. La obra de personas que han muerto hace tiempo se relee y se valora de diferente manera, y la historia adquiere un nuevo significado.[16]

16 La historiadora finlandesa Heta Lähdesmäki señala que leer la historia de manera diferente puede ser vital, y se basa en la relación del hombre y el lobo en Finlandia. El destino de los lobos en Finlandia en este momento pende de un hilo, hay muchas voces a favor de exterminarlos. Lähdesmäki cree que el problema actual entre lobos y seres humanos está vinculado con una interpretación determinada del pasado, a saber, que la

Es un consuelo escaso para quienes no son oídos ahora, pero el silencio nunca es completo, y no necesariamente dura para siempre.

---

relaciones entre lobos y personas siempre fueron conflictivas y que los lobos pueden exterminarse. Quien piensa así tiene una postura respecto de estos animales diferente de la de quien cree que lobos y personas en el pasado podían convivir y que los lobos siempre han estado ahí. Nuestra memoria cultural es selectiva, dice Lähdesmäki, aunque el olvido sea pasivo o activo. Pero esto también encierra una promesa. Cada nuevo presente brinda una mirada nueva y puede modificar el significado que asignamos a acontecimientos pasados. El pasado no es unívoco y aquello que hemos olvidado puede recuperarse. En el caso de los lobos y los seres humanos en Finlandia, existen relatos menos conocidos sobre su convivencia, acerca de lobos que ignoran y evitan a los seres humanos (que es lo que hace la mayor parte de los lobos), acerca de personas que aceptan a los lobos y las pérdidas que traen consigo, porque esos animales pertenecen a este mundo, a las cosas que son más grandes que nosotros, como la enfermedad, la muerte, el frío. Véase Heta Lähdesmäki, "The Memory of a Shared Past: From Human-Wolf Conflicts to Coexistence?", en Marlis Heyer y Susanne Hose (eds.), *Encounters with Wolves: Dynamics and Futures*, Bautzen, Serbski Institut Budyšin, 2020. He ahondado al respecto en mi conferencia en homenaje a Anna Blaman, "De weerwolf als schrijver" (2021).

2
El silencio dentro del lenguaje

En *El mundo del silencio*, Max Picard describe el silencio como algo eterno, una estructura fundamental del mundo y del ser humano. El silencio es una esfera autónoma en la que en cierto momento asoma la palabra. Esa palabra está unida a la verdad, pero también hay cosas que no es capaz de expresar. El amor y la muerte están más cerca del silencio que de la palabra. Y el silencio también es de los niños y de los ancianos. El silencio es primigenio porque es una esfera autónoma de la existencia, pero también porque hubo un tiempo en que las personas como sociedad eran más silenciosas y, según Picard, estaban menos extrañadas de su propia existencia.

En su tiempo, a fines de los años cuarenta del siglo pasado, había cierta presión sobre el silencio; Picard escribe que se trataba de un "zumbido de palabras". Con ello se refiere al uso de las palabras para rellenar el silencio y no para decir algo. Es ruido. Cabe la posibilidad de que el silencio aún esté en alguna parte, detrás del decorado de la realidad, pero las ciudades son muy bulliciosas y las personas también. A lo sumo, el silencio aflora cuando alguien muere en la calle. La radio es un buen ejemplo de ello, pues está completamente bajo el signo del zumbido de palabras. Según Picard, las clases de gimnasia, la música, las noticias y todo lo demás que se oye en la radio no son cosas reales, sino mecánicas. Pero también los grandes acontecimientos como la guerra se tornan irreales a través de la radio, justamente porque se los convierte en relatos comprensibles.

Entiendo lo que quiere decir Picard cuando afirma que el silencio es una estructura fundamental de la existencia. Es que el silencio parece eterno, aunque más no sea porque lo que no se mueve parece silencioso, como la tierra bajo nuestros pies, o las montañas, o el cielo. Y porque el silencio ya estaba antes de que llegáramos y porque volveremos a fundirnos en él… La muerte también es silenciosa, eso se ve claramente cuando alguien muere. Y la confianza y el amor son silenciosos, en eso tiene razón.

La crítica que hace Picard a la radio se parece a la crítica actual a los medios de comunicación. En la televisión, en la radio, por internet: en todas partes hay cada vez más noticias que se suceden cada vez más vertiginosas, el mundo nos parece mucho más bullicioso que a fines de los años cuarenta. Hay, literalmente, menos silencio; en los Países Bajos, por ejemplo, hay muy pocos territorios donde es posible oír silencio. Pero en la multiplicidad de posibilidades de habla, los hablantes también pueden hallar su voz y crear belleza. Recordemos que el silencio, como vimos en el capítulo anterior, también puede ser opresivo.

El silencio como consecuencia de un uso instrumental del lenguaje

En nuestro tiempo, el problema del zumbido de palabras no es el de la abundancia y tampoco el infinito palabrerío y la repetición, aunque estoy de acuerdo con Picard en que es mejor guardar silencio a pronunciar palabras vacías. Sin embargo, ahora está ocurriendo algo diferente. En lugar de ser ruido, en muchos planos en la sociedad la palabra se está usando justamente de manera muy eficiente. Este modo de hablar y escribir tiene su origen en el pensamiento de mercado, que ha copado la esfera de lo público, la política y el lenguaje político. Nuestro zumbido de palabras es un uso instrumental del lenguaje.

Para muchos políticos neerlandeses, en este momento el lenguaje no es un punto de partida para un intercambio significativo o una manera diferente de mostrar la realidad, sino un mero medio para un fin. Es una manera de expresar intereses, de convencer a otros. La lengua es considerada algo instrumental, útil y eficiente. Los diálogos son negociaciones en las que se pueden intercambiar valores con palabras. En lugar de comprender al otro y llegar a una nueva conclusión, los intereses parecen provenir de una identidad previamente configurada que se defiende.

Este modo de hablar, con monólogos en lugar de diálogos, está relacionada con una concepción particular de la política y de la ciudadanía. Me detendré en ello más adelante, pero a grandes rasgos diré que es el resultado del liberalismo que representa, entre otros, el Partido Popular para la Libertad y la Democracia: un modo de ejercer la política orientado al beneficio propio, en que se ve a los ciudadanos como consumidores. Y la estructura de nuestro sistema político le da continuidad a esa práctica. Muchos partidos se concentran en ganar votantes, no miran más allá de los siguientes cuatro años y entienden el crecimiento económico como una manera de expresar el bienestar.

El uso eficiente del lenguaje político también es el resultado de cómo se lo utiliza en el resto de la sociedad. En los Países Bajos la jerga de los gerentes, que durante mucho tiempo estuvo en boga en el mundo empresarial, se ha ido filtrando a otras esferas de la existencia, como las universidades y las escuelas. El conocimiento se presenta como algo que da rédito, que también puede medirse con índices para optimizarlo. Incluso la escritura sobre arte y literatura se ha visto influenciada por este pensamiento; por caso, muchos periódicos utilizan estrellas para valorar un libro, una película o una exposición. Vemos enseguida lo que vale algo según quién lo reseña, pero se pierde la ambigüedad que puede expresar un texto.

Un modo eficiente de hablar y escribir parecería ser algo neutro, pero también expresa la realidad de una manera determinada. La literatura y la poesía lo hacen de otro modo y las conversaciones en la vía pública, también. Y eso no tiene que ser siempre algo terrible: el lenguaje político tiene otra finalidad, pero si adquiere un uso demasiado instrumental, ciertos intereses ya no pueden expresarse y, a menudo, esos intereses son de quienes ya de por sí son los más vulnerables. Pueden armarse de mentiras y humor, pero su situación no es un problema del orden de lo privado, es un problema de la democracia. No solo quién habla, también el modo en que hablamos influye en la calidad de los criterios democráticos. Esto se ve en los más diversos planos. A continuación, analizaré el lenguaje del covid-19, el de los procesos de integración de migrantes y el uso populista del lenguaje.

El lenguaje del covid-19

El lenguaje es un reflejo de nuestra realidad y a la vez la constituye. Durante la pandemia de covid-19 surgieron palabras y expresiones nuevas que demuestran el modo en que se hace un uso funcional del lenguaje y de la relación entre los políticos y las personas a quienes se dirigen.

La primera expresión llamativa en neerlandés fue *confinamiento inteligente*. En lugar de un confinamiento común, como se llevó a cabo en Italia o España, nuestro primer ministro, Mark Rutte, propuso uno "inteligente". La expresión se fundamentó diciendo que así se confiaría más en el sentido común del ciudadano. La palabra *inteligente* fue muy acertada, pues quien no participaba del confinamiento inteligente no estaba actuando de manera muy inteligente, y ¿quién quiere ser tachado de no inteligente? Y también resuena en ello la imagen que tienen de sí mismos los neerlandeses, que se consideran personas con sentido común capaces de determinar lo que es bueno para ellos.

Algo similar ocurrió con la *nueva normalidad.*[1] Esto también se relaciona con el "actuar normal" por el que Rutte había abogado en su campaña electoral. Tiene que ver también con el modo de ser neerlandés: recordemos nuestra popular frase "actúa normal, ya así eres bastante raro". La nueva normalidad subraya que lo normal es bueno, lo estándar, lo que debe ser y que, si todos colaboramos un poco, volveremos a tener una nueva normalidad tan normal como la anterior. Con ello, Rutte daba a enten-

---

1 En mi ensayo *Misschien is een ander woord voor hoop* analizo detenidamente el uso de la palabra *normal* por parte de Mark Rutte.

der que íbamos por la buena senda, aunque la crisis del covid-19 justamente estaba demostrando que aquello que antes parecía normal no estaba nada bien. El origen de la crisis, una zoonosis, tiene que ver con otras grandes crisis de nuestra época, como el cambio climático, la pérdida de la biodiversidad, la industria ganadera y el desmonte. Hablar de una nueva normalidad en un tiempo en que la gente sentía tanto la falta de lo que tenía antes afianzaba aún más la imagen neoliberal del mundo.

Al comienzo, en los medios nacionales oía cada tanto la palabra *solidaridad*; a medida que la crisis fue avanzando, el término fue desapareciendo, al igual que la breve atención que se tuvo al comienzo sobre la cuestión del precio que debemos pagar por el modo occidental de vida. Se fue apelando a la ciudadanía de otras maneras. Algunos ministros dijeron cosas como "juntos lo lograremos" y "tenemos que cuidarnos entre todos", y suena todo muy bonito. Pero el énfasis en un "juntos" abstracto enmascara las desigualdades en las posibilidades, la posición y el estatus social. Por supuesto que hay que tener en cuenta al otro, y ciertas medidas –como mantener un metro y medio de distancia– solo funcionan si la mayoría las respeta. Y podemos ayudarnos de mil maneras en una crisis. Pero en algunos espacios ya había una crisis previa, y ese "juntos" presupone una igualdad y una solidaridad inexistentes. Niños de hogares conflictivos, por ejemplo, se vieron más afectados que otros por el cierre de las escuelas, ente otras medidas, y no les sirvió de mucho que la vecina cada tanto les hiciera las compras o recibir una donación económica, y sí les hubiera servido una lucha estructural contra la pobreza y suficientes fondos para el Servicio de Menores.

Al margen del contenido de los términos, es llamativa la predilección de los políticos por utilizar un vocabulario proveniente del mundo empresarial. Son muy populares las palabras en inglés, como *lockdown* para confinamiento, que suena a algo dinámico y que trae soluciones. O *desescalar* (por ejemplo, la atención sanitaria), que también es una palabra que remite a la producción y a pérdidas o ganancias, pero no a personas. Lo mismo vale para *exceso de mortalidad* uno de los eufemismos utilizados por nuestros políticos, puesto que en él hay algo de muertes de personas que de todos modos morirían, como los ancianos muy mayores en geriátricos, lo cual implicaba que no debía preocuparnos demasiado. Las vidas se convierten en cifras. En *exceso de mortalidad* también resuena lo excedente, lo que no es útil. Es un término que también se utiliza en la industria ganadera.

El lenguaje político del covid-19 dejó poco margen para la belleza. En los Países Bajos, la belleza a menudo se considera frívola, algo que viene después de las cosas realmente importantes en la vida. Eso se vio reflejado en las medidas que se tomaron durante la pandemia, que afectaron con fuerza a artistas e instituciones del arte, y en la actitud respecto del arte. En Alemania y Francia la canciller y el presidente, respectivamente, le hablaron al pueblo acerca del rol del arte en tiempos de crisis; en nuestro país el ministro de Salud, Bienestar y Deporte Hugo de Jonge dijo que la gente también podía ponerse a mirar un DVD. Es algo terrible para el arte, pero también dice mucho del modo en que se actúa en política con respecto a los significados de las palabras y a la belleza.

No es que yo quiera defender que los discursos en el Congreso siempre sean bellos, o que los lemas en las protestas sean poéticos, o que los políticos deberían tener la capacidad de expresión de un poeta. Pero cuando la lengua es un mero vehículo para verter un mensaje sobre un pueblo, ganar votos o convencer a los demás, se pierde más que algo ornamental; como sociedad perdemos la posibilidad de otorgarle sentido a lo que está ocurriendo.

EL LENGUAJE DE LA INTEGRACIÓN DE MIGRANTES

La concepción instrumental del lenguaje que se hizo evidente en las conferencias de prensa durante el covid-19 también está muy arraigada en las instituciones y prácticas políticas, por ejemplo, en los procedimientos de otorgamiento de asilo y de ciudadanía a los refugiados en los Países Bajos. En su tesis *Intensities of the State*, la antropóloga Maja Hertoghs investigó el papel que desempeña el lenguaje en los procedimientos de otorgamiento de asilo político en nuestro país. Hertoghs los describe como un embudo en el que se vierten los sentimientos y los relatos de las personas refugiadas. A través de ese embudo las experiencias ambiguas se convierten en un relato unívoco, para que pueda tomarse una decisión sobre la suerte de las personas detrás del texto. Esto ocurre, por caso, durante las conversaciones entre quienes solicitan asilo y los funcionarios del servicio de inmigración, las denominadas "audiencias", en las que se confecciona un texto a partir del relato de vida de quien pide asilo. Durante la audiencia, un funcionario analiza constantemente qué de lo dicho tiene utilidad. Se buscan los hechos, más aún, un tipo especial de hechos, a saber, los hechos importantes para el procedimiento en cuestión. No se incluye allí el modo en que se expresa la persona ni lo que siente. Se escribe, por ejemplo, que "la persona manifiesta emociones fuertes", pero no se menciona qué implica esto y tampoco se dice siempre por qué ocurre. El funcionario se mantiene neutral durante la conversación, que por lo tanto no es una verdadera conversación, más bien es una confesión burocrática. Una de las partes de la conversación se mantiene al margen, pero mantenerse al margen también es adoptar una determinada actitud.

El texto obtenido es legible y claro, escrito en la jerga del Servicio de Inmigración. Durante el resto del procedimiento el texto va a representar al solicitante de asilo que, sobre la base de este documento, obtiene o no su permiso de residencia.

Esto puede parecer algo necesario para el trabajo, pero una parte de la voz del refugiado se pierde, es forzada a adaptarse al patrón impuesto por el poder. Aquello que se silencia de esta manera puede ser muy importante: la causa y el momento en que alguien sintió tristeza o enojo permite ver qué le ha ocurrido. Y el procedimiento actual tampoco es muy sensible a las diferencias culturales. En cada cultura los modos de expresarse son diferentes, y no siempre es posible expresarlo todo. A veces hay cosas que solo se muestran, no se dicen. Ese modo de trabajo es un tipo de traducción que deja fuera una parte de la experiencia humana.

También se hace presente en otras prácticas en torno a pedidos de asilo y la obtención de la ciudadanía. La escritora Manon Uphoff me contó que en las clases de neerlandés a inmigrantes no se contempla la enseñanza de vocabulario para expresar emociones. La lengua debe ser práctica, útil, para poder ir a la panadería y para escribir una solicitud de trabajo, no para expresar la falta, la insatisfacción o el enojo, sentirse perdido ni las pequeñas alegrías cotidianas. Las clases de lengua se orientan al funcionamiento, no a expresar comprensión o conocimiento.[2]

2 Por este motivo, Uphoff decidió dedicar una clase especialmente a la expresión de emociones y sentimientos. También les enseñó a sus estudiantes los insultos en neerlandés, y se detuvo en los significados y la carga que poseían cada una de esas palabras y expresiones.

Si la lengua es solo eficiente, se pierde la persona. La vida no se reduce a una lista de compras, la lengua no solo atraviesa el espacio de lo práctico entre los individuos: es un modo importante de conectarse, de vincularse con el otro. Por supuesto que la lengua consiste en más que palabras. Pero las palabras pueden mostrar pasados, delinear futuros y te permiten compartir con otros lo que hay en ti.

El populismo

Una tercera forma del uso instrumental del lenguaje es la retórica populista.[3] En su libro *The Politics of*

---

3 No queda claro si ahora hay más populismo en los Países Bajos que antes, no hay consenso científico al respecto. El concepto de populismo es interpretado de diferentes maneras, y en cada país puede significar algo diferente. En los países del norte, el populismo es de naturaleza liberal; en Europa del Este, nacionalista; en América del Sur, socialista. En todo caso, remite a la voz del pueblo y a una política directa que actúa contra el orden establecido. Pero dentro del populismo pueden diferenciarse ideas, estilos y formas de hacer política. En los Países Bajos, por caso, existen los partidos populistas de derecha y de izquierda. Durante mucho tiempo, el Partido Socialista era la izquierda en el Parlamento, en los años noventa estuvieron en la derecha los centrodemócratas. Tras el asesinato de

Fear la lingüista Ruth Wodak vincula el desarrollo de los partidos populistas de derecha en diferentes lugares del mundo con un cambio en el discurso. Wodak investigó el papel de la retórica en el ascenso del populismo de derecha en Europa y los Estados Unidos. En las últimas décadas, los partidos populistas de derecha no solo comenzaron a afianzarse en los Países Bajos, ocurrió lo mismo en la mayoría de los países europeos y en los Estados Unidos. Y el uso del lenguaje juega un papel fundamental. Utilizan elementos retóricos que crean chivos expiatorios para los problemas sociales, como el refugiado político o el extranjero. De esa manera, sostiene Wodak, se establece una separación clara entre un

Pim Fortuyn en 2002 crecieron los partidos populistas de derecha, primero la Lista Pim Fortuyn (Lijst Pim Fortuyn), luego el Partido por la Libertad (Partij voor de Vrijheid) y ahora también el Foro por la Democracia (Forum voor Democratie). En 2014, Linda Bos y Kees Brants escribieron un artículo al respecto en el que sostienen que el discurso no se ha hecho más populista o más de derecha, sino que hay fluctuaciones. Hay picos, como las elecciones de 2006, cuando aparecieron Geert Wilders y Rita Verdonk, y luego puntos más bajos. Incluso consideran el 2012 como un punto muy bajo en comparación con los años noventa. Pero después de 2014, el clima político en nuestro país ha cambiado notablemente. Véase Linda Bos y Kees Brants, "Populist Rhetoric in Politics and Media: A Longitudinal Study of the Netherlands", *European Journal of Communication*, vol. 29, nº 6, 2014, pp. 703-719.

nosotros y un ellos y se normaliza hablar sobre la exclusión de determinados grupos.

Este cambio en el discurso no es algo limitado a la cobertura que realizan los medios. Los temas sobre los que se escribe y el modo en que se lo hace influyen en la opinión pública, por ejemplo, durante el periodo electoral. Tanto los medios que contribuyen con el populismo, por caso, el diario *De Telegraaf*, como los medios que intentan vencerlo manteniéndose neutrales desempeñan un papel en ello. En los Países Bajos, para las elecciones parlamentarias en 2021 los partidos de derecha obtuvieron dos tercios del tiempo de emisión en radio y televisión y los de izquierda, un tercio; también fue menor la participación de mujeres.[4] Eso influye claramente en el electorado. Asimismo, es interesante mencionar que existen investigaciones que demuestran que la atención en los medios despierta simpatías por los partidos de extrema derecha.[5]

4 El 16 de marzo de 2021 la Fundación de Radiodifusión Neerlandesa pública (NOS, por sus siglas en neerlandés) dio un informe al respecto: https://nos.nl/artikel/2372814-onderzoek-rechts-domineert-de-verkiezingscampagne-op-radio-en-tv.

5 Carl Berning, Marcel Lubbers y Elmar Schlueter, "Media Attention and Radical Right-Wing Populist Party Sympathy: Longitudinal Evidence from the Netherlands", *International Journal of Public Opinion Research*, vol. 31, nº 1, 2018, pp. 93-120.

Los medios y la política se fortalecen mutuamente, como puede observarse, entre otros, en el papel que desempeña el miedo en el afianzamiento de los partidos de extrema derecha. Wodak afirma que el miedo es un recurso que se utiliza para ganar fuerza a través del debate público. Los políticos apelan primero a miedos concretos, como la pérdida de trabajo o de bienestar. Repitiendo determinadas palabras e imágenes en los medios, se genera luego un miedo más abstracto, intangible, que influye en la opinión de los votantes, en el tenor del debate público (también los partidos que no son de la derecha populista se ven arrastrados hacia determinado modo de hablar) e incluso en la personalidad de los individuos.

El silencio como falta política

En los capítulos anteriores he analizado de qué manera se excluye a determinados grupos del habla política. El uso instrumental del lenguaje de los políticos, el denominado lenguaje neutro de las instituciones y el florecimiento de la retórica populista también delimitan qué se puede discutir. Parecería que la comprensión y la voluntad de diálogo son algo diametralmente opuesto a la lucha que, al fin y al cabo, es la política. Pero esto se basa en una imagen muy pobre de la democracia.

Para demostrarlo, Iris Young diferencia dos modelos de democracia, la democracia agregativa y la democracia deliberativa. Young no los presenta como bases de la sociedad real, sino como construcciones teóricas que pueden echar luz sobre el modo en que funcionan nuestros procesos democráticos y la opinión que tenemos al respecto.

En el primer modelo, la democracia es un proceso en el que, al elegir a los representantes y sus políticas, se hace una sumatoria de las preferencias de los ciudadanos. El objetivo de la toma de decisiones democrática es descubrir qué líderes, reglas y políticas se adecúan mejor a dichas preferencias. Las preferencias de distintos grupos de personas están en conflicto y una democracia que funciona bien asegura que las maneras en que se lleve adelante esta lucha sean honestas, por ejemplo, a través de elecciones. En esta imagen, los electores persiguen sus intereses individuales planteando determinadas exigencias y según la intensidad de dichos intereses.

Los políticos responden eligiendo políticas con las que quieren obtener votos. En la conjunción de políticos y votantes se generan opciones que se desprenden de una sumatoria de intereses individuales.

En este modelo, la democracia es una competencia. Diferentes individuos tienen diferentes intereses y desarrollan estrategias para poner el foco en sus intereses, por ejemplo, trabajando conjuntamente o convenciendo a otros. La política es una cuestión de estrategias y el hacer político apunta a representar de la mejor manera posible las preferencias existentes. Los votos se consideran la acción política más importante.

Según Young, este modelo de democracia encierra diversos problemas, sobre todo en el campo de la justicia. En primer lugar, las preferencias de los ciudadanos se toman como datos invariables. Esto no refleja el hecho de que las personas precisamente en política pueden modificar sus puntos de vista, aprender o crecer. En segundo lugar, lo central es la sumatoria de intereses individuales. Las personas no necesitan dialogar con otras, no se genera una esfera pública, pueden limitarse a votar y mantenerse al margen de toda otra interacción política con las personas con las que no están de acuerdo.

En tercer lugar, la idea de la racionalidad en que se funda esta concepción de la política es muy delgada e individualista. El pensamiento instrumental y estratégico basta para determinar a quién votar y, si eso es o no inteligente o incluso lógico, no importa. Por último –y esto se desprende de los puntos anteriores– no hay espacio para la normatividad. Un juicio normativo se considera una mera expresión emocional, algo completamente subjetivo.

Esto hace difícil comprender la legitimidad de ciertos criterios democráticos. Si se trata de expresiones de preferencia más o menos azarosas, ¿por qué alguien con una preferencia diferente aceptaría el resultado de las elecciones? La única causa sería que no hay otra opción: se impone la mayoría. Esto no tiene nada que ver con el contenido de la toma de decisiones.

A pesar de sus problemas, este modelo define en gran medida el modo en que funcionan hoy en día las democracias y la intuición de muchos ciudadanos y políticos acerca del alcance de la política. Pensemos en las discusiones que se generan durante el periodo electoral, que giran en torno a una lucha y a ganar votantes, en lugar de buscar acuerdos e incrementar la justicia o la felicidad.

Como contraposición, Young propone un modelo deliberativo de democracia orientado al diálogo, que también se basa en las concepciones existentes sobre la política. Muchas personas relacionan democracia con la discusión y el intercambio de ideas. En la mayoría de las democracias, como también ocurre en los Países Bajos, existen prácticas e instituciones en que las personas intentan convencer a otras de la justeza de su posición a través del diálogo.

En esta segunda concepción de democracia ocupan un lugar central argumentar, convencer y formarse un juicio. El proceso democrático no se limita a la sumatoria de intereses; por el contrario, es un diálogo acerca de dichos intereses y los problemas, conflictos y exigencias vinculados con ellos. En dicho diálogo se ponen a prueba y se desafían diferentes argumentos y propuestas políticas. En lugar de la mayor cantidad de intereses, ocupa un lugar central el mejor criterio colectivo. Eso quizá no sea universal, pero tampoco es totalmente subjetivo: es intersubjetivo.

El modelo agregativo se vincula con una serie de valores importantes para nuestra democracia, sostiene Young, como la protección contra la tiranía y el amparo o impulso de ciertos intereses (de grupos).

Pero el modelo deliberativo, que también abarca estos asuntos –puesto que no se trata de elegir lo uno o lo otro–, recoge además lo que podemos valorar en una democracia: en ella existe un espacio para la colaboración, la resolución o, al menos, la discusión de problemas y asuntos colectivos, y quizás incluso se pueda lograr una justicia mayor. También hay espacio para la transformación y el crecimiento. En un intercambio, los distintos participantes no solo expresan lo que sienten, sino que pueden llegar a descubrir algo que desconocían o que habían malinterpretado, o pueden aprender a poner en palabras sus ideas. Sus intereses, preferencias, ideas y criterios son puestos a prueba por una diversidad de otredades y, de esa manera, se hace posible que surja algo nuevo.

De un lenguaje instrumental al diálogo

No he analizado las ideas de Young para defender una imagen determinada de democracia, sino para demostrar que el modo en que hablamos está relacionado con el modo en que entendemos la sociedad y la política. El modelo deliberativo, además, nos muestra que existen alternativas al uso instrumental del lenguaje en la política. En la concepción agregativa de la democracia, el lenguaje solo juega un papel instrumental, al igual que en los tres ejemplos que analicé más arriba. En el modelo deliberativo, ocupa un lugar central. No solo para transmitir determinados mensajes, sino también para expresar emociones, analizar deseos, contar historias, formular preguntas. Como hemos visto en el capítulo anterior, solo es posible hacerle justicia a la diversidad de perspectivas que pueden existir en una sociedad con palabras que somos capaces de pronunciar.

Un giro desde el uso instrumental del lenguaje hacia el diálogo, o desde el interés individual hacia los demás, no significa que se obtenga automáticamente una armonía. Es posible que ocurra, pero también puede trazarse más nítida la diferencia. Dicho sea de paso, *diferencia* no es un antónimo de *comprensión*. A menudo se cree que la diferencia hace más difícil poder comprendernos, pero como dice el filósofo Maurice Merleau-Ponty, la comprensión presupone que somos diferentes. Si somos idénticos, hablamos de igualdad o coincidencia: la comprensión solo puede surgir entre dos seres diferentes.

El giro de la lengua instrumental al intercambio es también un giro del monólogo al diálogo, del uno mismo al otro, de una concepción unívoca a una diversidad de pensamientos.

El silencio como obstáculo en la deliberación

El modo en que funciona la deliberación y en que las conversaciones políticas existentes pueden ser más justas ha sido ampliamente analizado por la filosofía deliberativa, un término que reúne corrientes de pensamiento que parten de la idea de que las decisiones políticas deberían ser el resultado de debates honestos y razonables entre ciudadanos.

Uno de los filósofos deliberativos más importantes, Jürgen Habermas, reflexiona acerca del modo en que los procedimientos pueden ser legítimos y la manera en que todos pueden llegar a tener voz en las decisiones políticas que les atañan. En la toma de decisiones, dice, es central el argumento racional.

En su teoría comunicativa, Habermas lo define del siguiente modo (y lo llama principio del discurso): una regla para una acción o elección está justificada, y por lo tanto es legítima, cuando todos aquellos a quienes afecta pueden aceptarla en un diálogo o debate racional. Y debemos llevar a cabo dicho debate de manera continua. Habermas es un gran defensor de que de modo paralelo a la política oficial haya una esfera pública fuerte, en la que se deben llevar a cabo los debates y las discusiones entre ciudadanos, para influir finalmente en las decisiones políticas.

Diferentes aspectos de su teoría recibieron críticas por parte del feminismo y de la crítica decolonial. Habermas, por caso, describe el intercambio entre los ciudadanos en espacios públicos como libres e iguales, ignorando las relaciones desiguales de poder y como si fuera posible que las personas se quitaran su estatus social como quien se quita el abrigo en la puerta de entrada. Pero no funciona así. En muchos encuentros hay desigualdad, y reconocerla es parte de un buen intercambio. También se le ha criticado su imagen del ser humano. Habermas piensa en un ser humano racional y autónomo; sin embargo, dicha imagen, que se generó en la Ilustración, no incluye a todos. Es un ideal basado en personas de determinada clase y determinada cultura: aquellos que desde siempre llevan la sartén por el mango. Aunque Habermas quiera dar cuenta de la realidad empírica recurriendo, por ejemplo, a concepciones de la psicología, en su obra se trasluce una imagen idealizada del ser humano.

El modo en que hablamos y aquello que decimos no son abstractos, y distintos seres pueden expresarse de modos muy diferentes. Esto es importante en las reflexiones acerca de los debates políticos y de la justicia. El lenguaje y el habla poseen un cuerpo y están situados, y las normas de los intercambios conllevan silencios, generan inclusión y exclusión.

En la filosofía deliberativa se reflexionó mucho acerca de cómo podemos dialogar mejor y cómo pueden hacerse oír mejor las diferentes voces. A continuación, presentaré tres tipos de soluciones: adaptar el debate, analizar exhaustivamente la totalidad de la deliberación y expandir el lugar donde hablamos políticamente.[6] No se trata de un panorama

6 En los tres casos la corporalidad juega un papel importante. Young no es la única que destaca el papel del cuerpo en la comunicación política. La filósofa feminista Susan Bickford también ha escrito sobre el cuerpo y señala que las emociones, los rituales y el lenguaje corporal son fundamentales en muchas formas de la política. La razón y la emoción están muy vinculadas y se influyen mutuamente; el habla es de por sí un

exhaustivo, pero permite vislumbrar lo que es posible más allá del *statu quo*.

UN DEBATE MÁS INCLUSIVO: LOS SALUDOS,
LA RETÓRICA, LOS RELATOS

En el capítulo anterior presenté la diferenciación que hace Iris Young entre exclusión interna y externa. La exclusión interna, es decir, la situación en que las personas tienen legalmente el derecho de participar del intercambio, pero en la práctica no tienen voz o su voz apenas se oye, a menudo está relacionada con

---

acto corporal y a menudo no pensamos previamente en lo que diremos. El filósofo ambientalista John Dryzek afirma que en los procesos de deliberación también tenemos que incluir los intereses del mundo no humano. El autor sostiene que gran parte de nuestra comunicación trasciende las palabras: feromonas, oxígeno, procesos químicos y otros no solo determinan cómo hablamos, sino también qué decimos y cómo nos perciben los demás. Es decir que, aunque nos guste pensarlo, no podemos afirmar que realmente somos tan diferentes del resto del mundo natural. El tiempo también influye en la corporalidad. Nuestros modos de hablar tienen una historia en nuestra vida individual, pero también en la cultura en la que vivimos. La historia está almacenada en nuestro cuerpo, incluso cuando no somos conscientes de ello, como ocurre con los hábitos o costumbres.

el modo en que se delimita la comunicación política. Quienes se ven afectados por dicha exclusión suelen ser los grupos que en el pasado no tenían la posibilidad de participar.

Para darles la palabra, Young propone considerar los saludos, la retórica y las narraciones de relatos como parte integral de la comunicación política. El saludo, incluso entre humanos y otros animales, es importante en muchas culturas. Al saludar a alguien se lo reconoce como un otro y se abre la puerta a un trato respetuoso con aquel a quien se ha saludado. A menudo, este saludo es un ritual, pero eso no significa que sea vacío. Puede servir justamente para demostrar respeto por ese otro. Tomar en serio el saludo, según Young, puede ser una manera de demostrarle al otro, antes del debate, que se lo reconoce. Saludar a esa persona con quien se está en total desacuerdo puede permitir escucharla mejor e iniciar un diálogo con mayor apertura.

En la teoría deliberativa, la retórica suele ser considerada una manera problemática de hablar, puesto que solo está orientada a convencer y no a un intercambio de argumentos. Asimismo, juega un papel en la demagogia que hemos analizado antes. Sin embargo, también puede ser un medio estilístico para focalizar la atención en ciertos asuntos que, de otro modo, corren peligro de desaparecer. A veces debemos forzar el debate para poner determinadas perspectivas y asuntos en el candelero. La retórica también puede ser una defensa de la vulnerabilidad. Pensemos por ejemplo en la estrategia de Marianne Thieme, del Partido de los Animales, que finalizaba cada una sus intervenciones en los debates así: "Además, opino que debe ponerse fin a la bioindustria".

El hecho de contar historias, como relatos de vida, también es un aporte a la argumentación. Permite mostrar por qué alguien tiene cierta opinión, por qué determinada cuestión es hiriente o por qué un reclamo es legítimo. Además, exige una escucha y no admite una respuesta inmediata, lo cual modifica el formato del debate político. Muchos testimonios juntos pueden visibilizar un problema estructural, como ocurrió con el #MeeToo. Young misma pone el ejemplo de la intimidación sexual en el trabajo, una cuestión que durante mucho tiempo no se consideró problemática, hasta que un grupo de mujeres comenzó hablar al respecto y juntas se dieron cuenta de lo que estaba ocurriendo. Los relatos también pueden abrir la puerta a otro tipo de intercambios. Por ejemplo, puede ser el primer paso en un debate entre grupos muy diferentes, antes de comenzar a discutir contenidos específicos.

Los saludos, la retórica y los relatos no son la solución a los problemas existentes, pero exigen un habla política más atenta, que valore al otro y que tenga en cuenta la posibilidad de nuevas perspectivas.

El sistema de deliberación

Un segundo modo de mejorar la calidad de los debates políticos es contemplar el sistema de esa comunicación: hacer un estudio detallado de los diferentes espacios en que se llevan a cabo los debates y analizar sus relaciones.

La filósofa política Jane Mansbridge propone considerar las diferentes prácticas deliberativas como parte de un sistema más grande.[7][8] En situaciones

---

7 Junto con un grupo de colegas escribió el siguiente artículo: Jane Mansbridge *et al.*, "A Systemic Approach to Deliberative Democracy", en John Parkinson (ed.), *Deliberative Systems. Deliberative Democracy at the Large Scale*, Cambridge University Press, 2012.

8 Se puede reflexionar de diferentes maneras acerca de la deliberación como un conjunto de prácticas deliberativas. El

políticas formales, como en el Consejo Municipal y en el Parlamento, pero también en los órganos de consulta, las argumentaciones (expresadas en palabras) son muy importantes, se presupone que existe una igualdad formal y se toman decisiones a través de representantes del pueblo. Pero en la sociedad hay también otros espacios que juegan un papel en la toma de decisiones políticas: las cartas abiertas en periódicos, los proyectos artísticos, las protestas, los debates en las universidades. Allí también desarrollan sus criterios políticos los ciudadanos y se reflexiona acerca de intereses, ideales y exigencias.

La deliberación a menudo es imperfecta. Por caso, cuando los científicos utilizan una jerga que no es comprendida por todo el mundo, o cuando solo se cantan canciones de protesta y no hay espacio para una conversación racional, o cuando se presentan testimonios y solo se puede escuchar y no participar en el diálogo. Sin embargo, situaciones así pueden generar un conocimiento que luego se traslada a otras esferas de la deliberación. La toma de decisio-

_____

filósofo japonés Tetsuki Tamura aboga por una concepción de la deliberación que denomina "anidada". La idea es que la estructura de un sistema deliberativo está formada por componentes que también son prácticas deliberativas.

nes políticas puede recurrir al conocimiento científico, los representantes del pueblo pueden servirse de testimonios. Analizar el sistema es una manera más de hacer visible los lugares donde hay silencio, y dónde hay margen para el cambio.

Dónde y de qué hablamos

Se puede mejorar la deliberación concibiendo el habla política de una manera más amplia, analizando y mejorando la relación entre las distintas prácticas deliberativas. Un tercer modo es detenerse en los espacios de los debates políticos.

Estos debates se desarrollan en espacios oficiales, como el municipio o la sede de Gobierno, pero también fuera de ellos: en las manifestaciones que he mencionado anteriormente, en las redes sociales (que, por ejemplo, jugaron un papel importante en la Primavera Árabe), en el arte y la literatura, en las páginas de opinión de los periódicos. En todos esos espacios se llevan a cabo diferentes tipos de discusiones, se intercambian saberes, las personas pueden perfilar sus opiniones y comprender a los demás. La deliberación con niños, mayores o enfermos es mejor llevarla a cabo en un espacio en que estas personas se sientan más cómodas.

Reflexionar acerca del lugar donde se producen las discusiones también es importante en la relación con los no humanos. Los seres humanos no son los únicos que hablan políticamente, también lo hacen otros animales. Si nos tomamos en serio el punto de partida de la filosofía deliberativa, que sostiene que los principios de convivencia deben ser el resultado de debates honestos y racionales, entonces es evidente que la manera en que hoy en día se toman decisiones sobre las vidas de los seres no humanos no es legítima. No hace falta una gran empatía para comprender que los animales en la industria ganadera no estarían muy de acuerdo con su actual sistema de vida.

Ya existen intercambios políticos entre los seres humanos y otros animales, como en los santuarios de animales que buscan nuevos modos de convivencia,[9] en los hogares o en los lugares donde los

9 Véase mi artículo "Sanctuary Politics and the Borders of the Demos: A Comparison of Human and Nonhuman Animal Sanctuaries", *Krisis. Journal for Contemporary Philosophy*, vol. 41, nº 2, 2021, pp. 35-48.

animales son forzados a trabajar y se resisten.[10] Sin embargo, estos intercambios podrían ser mejores. Una parte del cambio implica aprender el modo en que se expresan los animales, entender los intercambios como procesos y no como una única toma de decisiones, y analizar las relaciones de poder.

La filósofa canadiense Sue Donaldson sostiene que para mejorar el diálogo debemos darles mucho más lugar a los animales: diseñar un espacio en común en donde tengan libertad de movimiento. Esto les brinda la libertad de elegir si desean participar de un intercambio o no, y también puede facilitar la conformación de dichos intercambios.[11]

Por ejemplo, cuando existe un conflicto con los gansos, se dialoga en la pradera, en el lugar del conflicto. Esto se logra comunicándonos directamente con ellos, con la voz, con la postura corporal o mediante gestos. Como dice Konrad Lorenz, los gansos son capaces de comprender muy bien al ser humano. Pero la comunicación también puede realizarse in-

10 Véase mi libro *When Animals Speak*, *op. cit.*, capítulo 9.
11 Sue Donaldson, "Animal Agora: Animal Citizens and the Democratic Challenge", *Social Theory and Practice*, vol. 46, nº 4, 2020, p. 709-735. Véase mi libro *When Animals Speak*, *op. cit.*, capítulo 9.

terviniendo en el paisaje. Qué tipo de hierba se planta es una acción comunicativa; también pueden colocarse señales sonoras en lugares peligrosos o invitarlos expresamente a habitar ciertos espacios.

También entre los seres humanos la deliberación en nuevos espacios puede mejorar la toma de decisiones. Cuando se trata de cuestiones ecológicas, por ejemplo, es importante tratarlas en el exterior, de ese modo se puede tener una idea más cabal de lo que está en juego y así también se hacen oír otros animales y las plantas.

EL SILENCIO COMO PRÁCTICA DEMOCRÁTICA

Un buen debate político no consiste solo en hablar. La escucha tiene la misma importancia. Las propuestas que he analizado hasta aquí se orientan sobre todo al habla y omiten la otra parte, pero hablar y escuchar están muy vinculados y se necesitan mutuamente.

Este énfasis en el habla está determinado culturalmente. La socióloga Sally Jones sostiene que en Japón el silencio es más importante que el habla, porque se trata de una cultura colectivista.[12] Jones hace una comparación con la cultura de los Estados Unidos, que es muy individualista y en la cual las personas hacen un uso constante de las palabras para transmitir mensajes e información porque tienen poca conciencia de grupo y su cultura está orientada al sujeto individual. En una cultura colectivista, por el contrario, el punto de partida es la pertenencia, y se tiende a evitar situaciones en las que alguien atrae mucha atención hacia sí, por ejemplo, hablando en exceso; tampoco son deseables los conflictos y los estallidos de ira. Asimismo, se asigna más importancia al espacio entre las palabras y se espera una comprensión del otro sin ellas. Dado que en las culturas colectivistas el silencio posee una mayor importancia, en ellas en general existe un vocabulario más amplio para denominar las distintas formas del silencio. Este también es el caso en Japón.

La antropóloga Takie Lebra diferencia cuatro significados principales del silencio en Japón. El más conocido es el de veracidad: el budismo zen sostiene

12 Sally Jones, "Speech is Silver, Silence is Golden: The Cultural Importance of Silence in Japan", *The ANU Undergraduate Research Journal*, nº 3, 2011, pp. 17-27.

que el silencio contiene en sí la verdad. Mucha poesía, expresiones y dichos japonenses[13] advierten acerca de la imposibilidad de confiar en el habla y de las consecuencias que puede acarrear para el hablante. La concepción de que el silencio es verdad también tiñe la comunicación política. En la política japonesa, el silencio es considerado una virtud. Se valora más la capacidad de guardar silencio que la habilidad de hablar, lo cual es totalmente opuesto a la definición neerlandesa de un buen orador.

El silencio también es fundamental en otras virtudes, como la modestia y la discreción social. Es una manera de evitar el pudor o de expresarlo. La cortesía es importante y guardar silencio es ser cortés. Por ejemplo, es una virtud no hablar sobre los compañeros de trabajo.

Por ello, el silencio es esencial en la política y en la vida pública , pero también juega un papel en las amistades y otras relaciones más cercanas.[14] El silen-

---

13 Lebra menciona los siguientes ejemplos: *kiji mo nakazuba utaremai* (algo así como el silencio te resguarda) y *mono ieba kuchibiru samushi aki no kaze* (es mejor dejar mucho sin decir).

14 Esto también vale para algunos animales. La etnóloga Bárbara Smuts sostiene que entre los babuinos, el hecho de ignorar a otro es una señal de agresión, salvo si se trata de un buen amigo.

cio es un indicador de cuán íntimas son las relaciones, por ejemplo, entre compañeros de trabajo, amigos y familiares, y en relaciones amorosas. Según Lebra, aquí es central el concepto de *haragei*, que remite literalmente a una técnica teatral –performance del vientre o arte del vientre– y significa algo así como "comunicación implícita" o "comprensión mutua sin palabras". El vientre se ve como la fuente de la veracidad de las personas y se supone que tan solo con la comunicación no verbal, como el *haragei*, es posible la verdadera comunicación entre individuos. El silencio no es entonces un obstáculo para la comprensión, sino justamente un requisito para mostrar nuestros sentimientos.

Por último, el silencio también puede ser un modo de resistencia en la comunicación cotidiana. A menudo, el silencio va acompañado de gestualidad y expresiones del rostro, y para comprender ante qué forma de silencio estamos es importante el *sasshi*: la capacidad del oyente para evaluar qué es lo que realmente quiere decir su interlocutor.

El silencio puede parecerse a la nada o la ausencia o indiferencia, pero esta descripción muy sucinta de las prácticas japonesas del silencio demuestra que puede tener diferentes significados, algo importante para comprender el rol que juega y que puede jugar en la política, y también nos dice algo acerca del fenómeno mismo del silencio. La palabra *silencio* es vaga y muy general. Remite a todo tipo de cosas que no significan lo mismo. En este capítulo y en el anterior el silencio estuvo muy relacionado con la ausencia, ahora también parece ser presencia. El silencio puede ser una postura política consciente, una acción, y esto nos lleva al silencio como modo de resistencia.

3
El silencio como resistencia

"Suelo pensar en Khiizigo cuando estoy en los lagos, porque me sentía encerrada en la ciudad" escribe la filósofa y escritora Leanne Betasamosake Simpson. Khiizigo fue un michi saagiig nishnaabeg, un habitante originario de Curve Lake. Cansado de que el poder colonial le dijera lo que tenía que hacer, se refugió en una isla en donde sobrevivió en soledad, basándose en los conocimientos de sus ancestros. Tras su muerte, la isla recibió el nombre de Khiizigo, y quien pasa navegando junto a ella puede recordarlo. En esa tierra está inscrita la negativa a participar de un sistema impuesto.

La resistencia a menudo es concebida como una medición de fuerzas entre dos bandos. Uno –un individuo, grupo, país o lo que fuere– ocupa, amenaza o domina a otro que lo rechaza, se organiza, ofrece contrapeso. Pero otras formas de resistencia también son posibles.[1]

Simpson utiliza el ejemplo de Khiizigo para reflexionar acerca de la resistencia como *refusal*, negativa. Quien se embarca en una lucha contra los colonizadores o entabla un diálogo, lo hace dentro del marco que han impuesto ellos validándolo. Tomemos el ejemplo de la lengua: al negociar en la lengua del opresor, hay un acercamiento en su dirección y se reafirma el modo en que se llevan a cabo las negociaciones, a su manera. Al darle una respuesta a alguien, se le reconoce a ese otro que lo que formula es una pregunta válida. En el caso de que no se consideren justas las prácticas, instituciones y modos de vida del dominador, también existe la

---

1 También existen muchas formas de resistencia que no reconocemos como tales. El filósofo australiano Dinesh Wadiwel, por ejemplo, menciona la resistencia de las gallinas en los mataderos, que es inútil, pues no logra nada, pero no deja de ser un modo de resistencia. En el caso de un animal de laboratorio, el gesto de apartar la mirada también es parte de lo mismo. En algunos casos, la forma de dominio u opresión da cuenta del tipo de resistencia que se intenta reprimir: Wadiwel menciona el ejemplo de un anzuelo, cuya forma está determinada por el movimiento que hará el pez para liberarse de él.

posibilidad de darles la espalda y refugiarse en el silencio frente a ese sistema, ejerciendo la negativa.

En el caso de Khiizigo, la negativa no solo es a las cuestiones políticas de índole práctica, como a quién pertenece la tierra y quién determina el curso político. También se extiende al sistema de conocimiento en que esto se materializa, preguntando: ¿acaso la tierra puede ser posesión de alguien? ¿Estamos hablando de una nación dentro de un territorio o de diferentes naciones (de seres humanos, de ciervos y de árboles)? ¿Qué son en realidad las negociaciones políticas y dónde, cuándo y en qué lengua deben llevarse a cabo? Estos interrogantes son frecuentes en situaciones de dominación colonial, cuando la población local posee otro sistema de conocimiento, diferente del sistema del opresor. La negativa reafirma el énfasis sobre los interrogantes subyacentes y el carácter irreconciliable de sus sistemas de conocimiento.

Podría decirse que la negativa produce un estancamiento, pues no hay posibilidad de diálogo cuando una parte no reconoce la lengua de la otra. Esto es justamente lo contrario a la idea expuesta en el capítulo anterior, de la lengua como un primer paso para la comprensión o, al menos, para el cambio. En el caso de las comunidades originarias que analiza Simpson, sin embargo, este rechazo es una reacción legítima. Además de la violencia ejercida contra personas y otros seres del territorio, los colonizadores no reconocían su modo de vida ni su sistema de conocimiento. No interactuaban como huéspedes, sino que se servían de lo que consideraban que les correspondía. Dado que, por ejemplo, para los europeos el derecho de propiedad solo tenía validez en su forma escrita, cuando no lo encontraban así en otros territorios se sentían legitimados a apropiarse del territorio como si se tratara de una *terra nullius*.[2] En realidad, siempre es absurdo hablar de diálogo en una situación de dominación.[3]

Por lo tanto, el silencio de la negativa abarca no solo quedarse callado o negarse a negociar y participar de determinadas prácticas. No es un signo de debilidad, más bien lo contrario: es una acción política muy abarcativa.

2 El mismo patrón existe al ocupar espacios (tierra, mar, aire) que les pertenecen a otros animales, los seres humanos también los consideran vacíos.

3 Esto también es un ejemplo de lo que Lyotard describe como *différend*.

EL SILENCIO COMO RESISTENCIA DENTRO DE UNA COMUNIDAD

El silencio también se utiliza a menudo en el caso de protestas y resistencia dentro de las comunidades mismas. La sentada es quizás el ejemplo más conocido. Esta forma de resistencia no violenta existe hace tiempo, y adquirió notoriedad gracias al uso que hicieron los movimientos de derechos civiles en los Estados Unidos en los años cincuenta y sesenta. En una protesta así, un grupo de personas se sienta en un lugar en el suelo hasta que se cumplen sus demandas. Los estudiantes a menudo optan por esta forma de protesta, por ejemplo, cuando ocupan la universidad. A veces los manifestantes utilizan palabras en forma escrita u oral para dejar en claro cuáles son sus intenciones, en ocasiones simplemente se sientan y la protesta habla por sí misma.

Vivimos en un tiempo en el que nos vemos inundados de información y también se nos exige compartir muchos datos con el gobierno, el fisco, por ejemplo, y tenemos la obligación de llevar un documento de identidad, pero también ocurre en el caso de nuestra relación con empresas. La filósofa del lenguaje italiana Alessandra Tanesini considera que es por ello que ahora se recurre mucho más al silencio como modo de resistencia. Activistas, estudiantes, artistas y muchos otros utilizan el silencio para llamar la atención sobre ciertos problemas. El silencio puede ser un modo de salir de las cámaras de resonancia mediáticas, exigir el derecho a la privacidad o poner en discusión la cuestión de lo público de una manera diferente.

Según Tanesini, una parte de este tipo de protestas en realidad no es silenciosa, sino un acto de habla sin palabras que denomina silencios elocuentes. Funciona del siguiente modo: Tanesini concibe el silencio como comportamiento no verbal y no acústico (pues también existe un comportamiento no acústico que sí es una forma de lenguaje, como la lengua de señas o la lengua escrita). Dentro de dicha categoría, hay silencios que son un modo de comunicación y silencios que no. A esta última categoría pertenecen, por caso, el silencio del sueño o el que reina en la sala de lectura de una biblioteca, y también hay modos de silencio que forman parte de la comunicación o de una conversación, pero que no tienen una función comunicacional explícita, como las pausas entre las frases.

También hay silencios que se utilizan con la finalidad de expresar algo. Cuando un docente ha formulado una pregunta, los estudiantes en el aula pueden guardar silencio por timidez, pero también pueden transmitirle así un mensaje a su docente: no te obedecemos. Otro ejemplo son los silencios que no son llamativos en sí, pero que adquieren significación al repetirse; eso también es una forma de ignorar algo. Y existen los silencios políticos explícitos, como las acciones de resistencia, de negativa y de protesta.

Los silencios que se utilizan para expresar algo son actos de habla ilocutivos, escribe Tanesini. Un acto de habla (en inglés, *speech act*) es un acto lingüístico que, de manera intencional, es decir, no azarosa, provoca algo en el mundo. Los actos de habla presentan diferentes partes. El filósofo John Searle los analizó del siguiente modo: un acto de habla tiene, por un lado, un aspecto locutivo, es decir, la forma literal: el texto dicho o la frase escrita. Por otro lado, posee un aspecto ilocutivo, que comprende aquello que alguien quiere expresar y, finalmente, un aspecto perlocutivo, que es el efecto que se quiere lograr con dicho acto.

Ya se sabe que los actos ilocutivos pueden ser acústicamente silenciosos, dice Tanesini, pero son casos en que las personas expresan algo con claridad a través de gestos u otras formas de lenguaje corporal. En este caso, se trata de silencios que no son lingüísticos, que también pueden ser elocuentes y transmitir un mensaje, por ejemplo, en el caso de una sentada o en otra protesta silenciosa. Cuando funciona es algo especial, ya que los silencios son ambiguos. Pero su efectividad se debe, según Tanesini, a que a menudo son una respuesta a otra manifestación. Alguien –el gobierno, una empresa u otro actor– exige algo, quiere una respuesta y en lugar de ello obtiene silencio.

Según Tanesini, existen diferentes familias de este tipo de silencios. En la primera familia de silencios, las personas no dan respuesta de manera intencional. Pensemos en una persona activista que no abre la boca cuando le preguntan por los nombres de otros activistas. En la segunda familia ocupa un lugar central negarse a hablar por un periodo prolongado de tiempo, supongamos, como reacción a una exclusión institucional o para dirigir la atención a las voces que no son escuchadas, y esa no participación también llama la atención. La tercera familia comprende los silencios más llamativos, porque se dan en espacios extraños: pensemos en las protestas silenciosas en un lugar muy ruidoso. Yo, por ejemplo, pasé muchas horas callada en la plaza del Dam, en Ámsterdam, durante una protesta contra las corridas de toros.

Este tipo de protestas muestran algo en lugar de decirlo. Esto puede ser más efectivo que hablar, pues a los grupos que suelen protestar de esta manera a menudo no se les da crédito y no tienen verdadera voz en el debate. El silencio además puede ser más seguro para quienes tienen pocas posibilidades de defenderse en una relación de poder y es, por ello, un modo de resistencia. El análisis de Tanesini se emparenta con la descripción de la retórica de Young mencionada más arriba. Si el discurso es injusto, a veces es imposible señalar o analizar los problemas dentro de las reglas impuestas. Los elementos estilísticos como la retórica –o el silencio– pueden ofrecer una salida en casos así. Esto no significa que este tipo de acciones sea siempre exitoso. El silencio a menudo es una táctica de los más oprimidos, no solo de seres humanos, también de los animales, y muchas veces tampoco funciona.

El silencio como resistencia ambigua

Tanesini describe una forma específica de silencio como resistencia, a saber, los silencios que comunican un mensaje claro. Son silencios que no dan una respuesta explícita y por eso pueden ser objeto de múltiples interpretaciones, pero que, como suelen ser una reacción a una injusticia, la mayoría de las personas interpretan correctamente.

También hay otros modos en que el silencio se utiliza como resistencia. La negativa sobre la cual escribe Simpson, por ejemplo, no entra en este patrón: no tiene la intención de comunicar, sino de apartarse. Si eso es o no interpretado como protesta o respuesta por la otra parte, es secundario. Los silencios de ciudadanos que viven bajo regímenes autoritarios en general tampoco son tan manifiestos como los que describe Tanesini; en dichos contextos, el silencio puede significar colaboración, pero también resistencia, y puede acabar minando un régimen.[4]

4 Véase Mónica Brito Vieira, "The Great Wall of Silence: Voice-Silence Dynamics in Authoritarian Regimes", *Critical Review of International Social and Political Philosophy*, vol. 24, nº 3, 2021, pp. 368-391.

No se puede trazar una frontera clara entre las formas de resistencia silenciosas que comunican algo claramente y las formas de resistencia silenciosas que no. Tomemos por caso las formas ritualizadas de resistencia silenciosa como las sentadas. En ese caso, el significado suele ser evidente y a menudo la protesta va acompañada de exigencias comunicadas por escrito. Pero también existen sentadas en las que esto no es así, o en las que los manifestantes están en contra de algo y no a favor de nada. En el caso del movimiento Occupy –que en realidad fue una gran sentada en diferentes lugares del mundo– las exigencias no eran claras y ni unívocas. Diferentes personas con ideas distintas sobre lo que significa vivir bien se reunieron porque estaban en contra de algo. El movimiento okupa también es una manera ambigua de resistencia que puede tener diferentes significados. Algunos okupas quieren denunciar los grandes capitales, otros participan porque necesitan una vivienda y otros simplemente acompañan a su pareja o amigos. A veces se trata de una combinación de dichos factores.

Es decir que el silencio no siempre es silencioso, y quien se resiste no siempre está motivado o inspirado por un plan bien definido.[5] No todas las formas de injusticia pueden articularse claramente dentro de la lengua o dentro de un discurso, y así como hay diferentes maneras de hablar también hay diferentes maneras de guardar silencio.

EL SILENCIO Y LA RESISTENCIA DE LOS NIÑOS

En niños y animales no humanos la resistencia también se lleva a cabo en gran medida en silencio o, al menos, en los márgenes del discurso. En el primer capítulo presenté a niños y jóvenes que salen a las calles a protestar y demuestran que también son seres políticos con una voz y una opinión acerca de la sociedad. No solo ponen en discusión los temas sobre los cuales hablamos políticamente, como el clima, sino que expresan también su propia posición. Es decir que estamos ante una doble resistencia.

---

5 En *When Animals Speak* analizo la resistencia silenciosa y la protesta de otros animales, por ejemplo, de gansos que "okupan" un territorio.

Al igual que los animales, los niños en general no son considerados seres políticos. En los Países Bajos el derecho al voto es para mayores de 18 años y, pese a que muchas personas entienden que esa edad es arbitraria –en Malta por ejemplo se puede votar ya a los 16 años, y en nuestro país la línea de la edad también se ha desplazado a lo largo de la historia–, esto no se pone realmente en discusión. A menudo se presupone que los niños no son capaces de actuar políticamente o que no les interesa participar de la política.

Pocas personas van a negar que los niños tengan intereses propios. Pero a menudo se los considera asuntos sociales, no políticos. Cuando se reconocen los intereses políticos, en general se presupone que deben ser articulados y representados por adultos. Pero hablar en nombre de seres de otro grupo puede ser problemático, como ya hemos visto. También los niños tienen una perspectiva propia sobre su vida y la sociedad, por eso son capaces de dirigir la atención a asuntos que aún esperan bajo el manto del silencio, como el clima, pero también la justicia. Hay investigaciones que demuestran que los niños pequeños consideran a los animales como seres más semejantes a ellos que los adultos.[6] Durante la hora de las preguntas de las infancias, que se realiza una vez al año en el Congreso de los Países Bajos, surge un nuevo tipo de discusión, pues cuando los adultos hablan en nombre de los niños, en realidad ya están traduciendo sus demandas.

Los intereses políticos de niños y jóvenes a veces también son diferentes de aquellos de los adultos. Eso se puede observar en relación con las crisis ecológicas de nuestro tiempo, pero también se hizo evidente durante la pandemia de covid-19. En ese momento se cerraron muchas escuelas y universidades, porque los niños y jóvenes también transmitían la enfermedad. Sin embargo, apenas se enfermaban y hubiera sido mejor para ellos que escuelas, clubes de deporte y academias de música permanecieran abiertas. Sus intereses eran diferentes de aquellos de los adultos, pero en la toma de decisiones políticas se impusieron las de estos últimos, y aún no sabemos qué consecuencias tendrá.

---

6 Véase, por caso, Matti Wilks, Lucius Caviola, Guy Kahane y Paul Bloom, "Children Prioritize Humans Over Animals Less Than Adults Do", *Psychological Science*, vol. 32, nº 1, 2021, pp. 27-38.

Algunos filósofos, como el especialista en ética John Wall, afirman que necesitamos el denominado niñismo [*childism*]. En nuestra sociedad la perspectiva del adulto es central, pero los niños no son adultos en miniatura o seres que aún no han llegado a ser. Tienen sus propios modos de mirar y vivir el mundo. Y digo *modos* en plural a conciencia, porque no existe algo así como "el niño". Nuestro énfasis en la adultez, el "adultismo", es una forma de discriminación que, como ocurre con muchas otras formas de discriminación, no reconocemos porque estamos habituados a ella.

Tomar en serio la perspectiva de los niños es posible de múltiples maneras. Por ejemplo, creando un consejo infantil que también participe de la toma de decisiones políticas. O incluyendo sus ideas al planificar la educación, la salud y los espacios públicos. Wall señala que las modificaciones sociales y políticas son siempre una cuestión de diálogo. La predisposición a escuchar y al cambio es responsabilidad de los adultos.[7]

7 Véase John Wall, "From Childhood Studies to Childism: Reconstructing the Scholarly and Social Imaginations", *Children's Geographies*, 2019, pp. 1-14.

Los silencios y las manifestaciones lingüísticas de niños pueden interpretarse de distintas maneras. Las investigadoras en educación Maggie MacLure, Rachel Holmes, Liz Jones y Christina MacRae han observado a una niña de 5 años que se niega sistemáticamente a decir que está presente cuando la maestra toma lista.[8] La niña primero ha sido amenazada con un castigo, luego fue castigada por su desobediencia, después se involucró a su madre en el asunto y finalmente la escuela decidió ignorar el comportamiento para no empeorar las cosas. Las autoras comentan que nadie sabe exactamente por qué guarda silencio la niña, pero parece un gesto de resistencia. Desde muy jóvenes, los niños aprenden o se ven confrontados con normas y reglas; el comportamiento deseado se premia y se castiga el indeseado. Hay un patrón preexistente y quien va creciendo debe ir adaptándose a él. En los jardines de infantes hay determinadas expectativas que se transmiten a los niños de manera sutil y no tanto. Los niños tienen que ser capaces de realizar ciertas tareas,

8 Maggie MacLure *et al.*, "Silence as resistance to analysis: Ar, on not opening one's mouth properly", *Qualitative Inquiry*, vol. 16, nº 6, 2010, pp. 492-500.

tratar a los demás niños de determinado modo y a los adultos, de otro. Las relaciones de poder determinan cuál comportamiento es deseado y cuál no. Y hay muchísimos factores involucrados, como el género y la clase social.

Que la falta de respuesta de la niña ante la docente que toma asistencia sea una resistencia política dependerá de cómo definimos lo político. Pero su gesto significa algo. Para los niños pequeños el silencio es una manera importante de resistencia, porque no necesitan explicar las cosas con palabras u ofrecer alternativas, está al alcance de la mano: no se da ni se recibe ni se obtiene nada a cambio, y puede ser muy efectivo.

El silencio como callar con palabras, o decir sin ellas

Podemos decir entonces que los niños se ven confrontados con normas que no han establecido ellos mismos. Pueden negarse a obedecer, pero también pueden burlarse de ellas. MacLure y sus compañeras también describen a un grupo de jóvenes que participó de una investigación sobre hombres y salud. Los muchachos se burlaban entre sí, se insultaban, hacían comentarios sexistas y saboteaban así el trabajo de las investigadoras, procurando que no los pudieran definir fácilmente. Al no decir lo que debían decir, decían otra cosa, es decir que sí estaban diciendo algo.

En aquello que se dice siempre hay algo que se calla. Algunos juegos de lenguaje incluso consisten en gran medida en esa mecánica, como las bromas y las mentiras. En el caso de las mentiras es evidente: se presenta intencionalmente una ficción como si fuera una verdad. Puede tratarse de una forma de resistencia, incluso de resistencia política para personas con poco poder. Aprendemos que no debemos mentir, y eso es muy valioso, pero no todo el mundo puede permitirse la honestidad. Una mentira es una cosa extraña: es una frase con significado (de lo contrario el otro no la comprende) que interviene en la realidad sin ser verdadera.

Pero una broma quizá sea algo más extraño aún: es un comentario con significado que (en el caso del absurdo, por ejemplo) pone en discusión las fronteras del significado, pero de tal manera que el otro lo comprende. Un sinsentido (un disparate) solo tiene gracia bajo esa condición, de lo contrario solo es un montón de palabras, sonidos o imágenes. Las bromas lingüísticas exigen que se comprenda lo suficientemente bien las palabras para estar por encima de la chanza.

El humor puede ser un juego, una manera de contrarrestar el miedo o la tristeza, puede hacer más agradable una reunión aburrida, sirve para burlarse de otros y mucho más. Pero una broma también puede ser una forma de resistencia. Burlarse del poder es un arte antiguo, y burlarse de otros puede ser un modo de desarrollar nuestra identidad, quizá por eso los adolescentes lo hacen tan a menudo. En el corazón de la broma radica la ausencia: uno no dice lo que quiere decir, porque de lo contrario lo estaría diciendo en serio.

Los jóvenes bromistas del experimento también utilizaron el humor para resistirse a la investigación. Pero puede que esto no sea un problema solo para el análisis científico. McLure y su equipo sostienen que no es que esa negativa o silencio en la lengua no diga nada, sino que dice otra cosa. En la investigación debería desarrollarse una mayor sensibilidad a los dobles sentidos. Esto nos lleva a la escucha…

La escucha como resistencia

A menudo, la escucha se considera una práctica pasiva en oposición al habla, que sería algo activo. O se la entiende como algo adicional, amable, acaso un gesto educado. En la filosofía política se ha reflexionado tan poco acerca de la escucha como acerca del silencio.[9] Sin embargo, dado que lenguaje y política están tan estrechamente vinculados, se trata de un acto político importante. La escucha puede cumplir funciones diferentes en la política. Es parte integral de un buen debate, es decir que, al reflexionar acerca de la deliberación, tiene la misma importancia que el habla y también puede ser una forma de resistencia.

Escuchar aquello que aún no existe

En *Los hongos del fin del mundo* la antropóloga Anna Lowenhaupt Tsing sigue el rastro del matsutake, un hongo muy popular de Japón, que también crece en

---

9 En *Misschien is een ander woord voor hoop* realizo un análisis más profundo sobre la escucha.

otros lugares del mundo, para demostrar la interrelación entre el ser humano y el mundo no humano y para buscar alternativas al capitalismo. Con "el fin del mundo" la autora nos dice que el capitalismo ha aniquilado muchos de nuestros espacios vitales, y que el mundo natural ya está en gran medida perdido. Pero también denuncia que las promesas del capitalismo –como el trabajo para todos y, con él, la garantía de la existencia– tampoco se han cumplido. Tsing sostiene que ahora estamos peor que nunca antes y que la seguridad existencial de todos está en juego.

Tsing describe las vidas de los cosechadores de hongos en diferentes lugares del mundo: un bosque de cultivo creado y abandonado en Oregon, pequeños bosquecillos fragmentados en China, un paisaje cultural en Japón. También describe el viaje de los hongos, que se pesan, se venden y se vuelven a vender y finalmente acaban siendo productos de lujo. La autora denomina traducción a la relación entre cada uno de dichos pasos. El significado de los hongos cambia cada vez que cambia su estatus o valor y cada vez que se hacen cargo de ellos personas diferentes.

Entre esas personas, por ejemplo, entre quienes cosechan hongos en el bosque en Oregon, a menudo hay una traducción en sentido literal, puesto que provienen de los lugares más dispares del mundo. Hay muchas personas de Asia, especialmente de pueblos como los mien. Muchos han huido de territorios de guerra y no se han integrado bien al sistema estadounidense, o este no les ha brindado posibilidades. Pero también hay veteranos de guerra estadounidenses, viejos hippies y personas que por diversos motivos son muy celosas de su libertad individual.

Estas personas no están organizadas en un gremio, no cuentan con una red de contención social ni con derechos laborales. Tsing analiza su posición como ejemplo de la falla de un sistema, pero también como el posible comienzo de algo nuevo. Describe lo "nuevo" de la mano de la trabajadora social Beverly Brown. Brown se ha esforzado por mejorar la posición de los cosechadores y considera la escucha política como un modo de tomarlos en serio. Dicha escucha no debe estar dirigida a los puntos en común, sino ser sensible a la diferencia y esto, a su vez, exige traducción: entre lenguas, pero también entre intereses y posturas. En primera instancia, Brown se concentró en la escucha y la traducción entre diferentes clases, a saber, de los dueños ricos de la tierra y el bosque que se vieron obligados a escuchar a las personas pobres que trabajaban para ellos. Luego entraron en escena los cosechadores, y la traducción ya no solo era entre clases, sino que también incluyó el género, el color de piel y todo tipo de diferencias. También aquí escuchar y hablar están muy vinculados, pero es precisamente la escucha la que crea espacio para la diferencia.

No queda muy claro qué implica el progreso en estas épocas, escribe Tsing. Ya no podemos creer en un mito de igualdad o crecimiento económico, porque no es que las cosas estén mejorando progresivamente. El modo de escucha que promueve Brown quizá brinde una alternativa, ya que no se enfoca en una igualdad abstracta, sino en la diferencia concreta. Cada vez que se reúne un grupo de personas, como estos cosechadores, se generan intercambios de los cuales puede emerger algo nuevo. Nuestro futuro político no está preestablecido y la combinación de diferentes perspectivas encierra nuevas posibilidades. La acción política comienza por escuchar esas perspectivas. Escuchar es una forma de resistencia contra la destrucción de nuestros mundos comunes.

Los mundos que se destruyen no solo son humanos. También los hongos, árboles y otros seres tienen algo que decir y, en ocasiones, el derecho a participar del diálogo. La única manera de descubrir quiénes son todos los seres que hablan y qué es lo que encierra el silencio es escuchar mejor.

4
Silencio y transformación

Es difícil pensar en lo que no existe, y a veces el silencio es ausencia.[1] [2] El silencio es algo misterioso,

1 En muchas culturas orientales el silencio como ausencia es fundamental. Buda habla de un "silencio noble": no responder a determinadas preguntas sobre la realidad porque no llevan al conocimiento, o ignorar las preguntas equivocadas por respeto al interlocutor. En el *Tao Te Ching* el sabio chino Lao-Tse escribió hace 2400 años acerca de la importancia del silencio en la relación con el no saber. "Quien sabe no habla, quien habla no sabe". Según Lao-Tse, no se trata de regresar al saber desde el no saber, desde la oscuridad del caos, que es el Tao. Esta concepción es diametralmente opuesta a dos importantes nociones de la filosofía occidental, a saber, que el conocimiento es más importante que el no saber y que la sabiduría se expresa a través del habla.

2 En la tradición europea, Kierkegaard y Heidegger han escrito sobre el misterio y lo incognoscible del silencio. Para Kierkegaard, el silencio es un modo de trascender el bullicio de la vida cotidiana, trascender la distracción y la huella que se ha trazado ante ti. La importancia del silencio comprende dos sentidos: nos acerca a nosotros mismos como seres auténticos y posibilita la

desconocido. Pero justamente por su carácter desconocido es que puede encerrar una promesa. Aquello que ahora está en silencio puede comenzar a hablarnos. Quien guarda silencio y escucha, oirá

---

conexión con Dios. Para Heidegger, el silencio también está vinculado con el significado y la autenticidad. El silencio hace posible la lengua auténtica porque trasciende la corriente de lo cotidiano y crea espacio para regresar a la conciencia. A través del silencio surge la poesía, la forma de la lengua que le hace más justicia al corazón de lo que llamamos *Dasein*. Todos somos arrojados al mundo (a nacer), y el silencio es necesario para poder ver el mundo o tomar distancia de aquello con lo que estamos vinculados inmediatamente y que nos rodea. Para Heidegger esto se relaciona con la *aletheia*, que significa algo así como el desocultamiento, muy cercana a la verdad, es una apertura en la cual el mundo se nos muestra. Los pensadores Rojin Mazouji y Mohammad Raayat Jahromi comprenden el abordaje de la verdad como un proceso dialógico. No se la halla de una vez y para siempre, la verdad se nos puede mostrar y volver a ocultar. Y en el proceso de mostrar y ocultar el conocimiento y entre la imposibilidad y la posibilidad de conocer, el silencio es fundamental. El silencio es el lugar del secreto, pero también posibilita el cambio de finito a infinito y de oculto a visible. Guardar silencio es parte de una comunicación con algo diferente de nosotros. Según Kierkegaard, guardar silencio y darles tiempo a las ideas también es necesario para una buena conversación con otros, de lo contrario, nos quedamos en el plano de la conversación vacía. Véase Rojin Mazouji y Mohammad Raayat Jahromi, "Silence as a Language of Faith and Being: A Comparative Study of Kierkegaard's and Heidegger's Uses of Silence", *The Heythrop Journal*, vol. 62, nº 1, 2021, pp. 39-52.

nuevas cosas. El futuro, silencioso e incognoscible, encierra lo nuevo. Es decir que el silencio también está relacionado con la posibilidad de cambio y con la esperanza.

El silencio como promesa política

En la filosofía y la práctica políticas a menudo se desea hallar cierta univocidad. Los filósofos buscan principios y los políticos buscar intereses para defender. Pero también hay pensadores que señalan justamente lo impredecible de la sociedad y ven en lo impredecible la posibilidad de algo nuevo, como Hannah Arendt, quien sostiene que el factor más importante de la política es la pluralidad. Todos somos diferentes, pero eso no es un obstáculo para el hacer político, sino su requisito. Cuando personas diferentes ingresan en el espacio público y se muestran entre sí en palabras y actos, es cuando se hace posible que surja algo nuevo.

El filósofo francés Jacques Rancière define lo nuevo de una manera muy diferente. Aquello que entendemos como democracia, ese conjunto de instituciones, leyes y prácticas, Rancière no lo considera como tal. Sostiene que existe un único momento democrático, a saber, cuando un grupo que no estaba incluido en el *demos*, en el pueblo, de repente se hace presente como actor político. Y lo hace hablando en la lengua del poder. Se trata de un grupo que antes no era entendido como hablante, pero cuyos integrantes exigen su lugar dentro del sistema o de la red política, y se comprueba entonces que siempre han pertenecido al pueblo. Menciona como ejemplos, entre otros, a Rosa Parks y Olympe de Gouges. En 1955, Parks se sentó en un lugar del autobús que no estaba destinado a personas negras exigiendo los derechos que le correspondían. Esto aceleró la lucha por los derechos civiles para personas negras. De Gouges, en 1791, escribió un panfleto en el que reclamaba por los derechos ciudadanos para las mujeres y, así, se presentó a sí misma como ciudadana. Según Rancière, el proceso en que un nuevo grupo exige sus derechos nunca acaba. En el futuro surgirán otros grupos que ahora están callados y que, haciendo oír su voz, pasarán a integrar el *demos*. Es decir que el silencio que tenemos delante está repleto de futuras voces políticas, aún inaudibles.

Arendt y Rancière ponen el habla en un lugar central de la acción política democrática. Para Arendt, hablar es la manera en que nos mostramos políticamente ante otros, y para Rancière, la manera de que un grupo exija sus derechos. Sin embargo, como ya hemos visto, callar, escuchar y la resistencia silenciosa también pueden ser acciones políticas, lo cual encierra asimismo una promesa. Seres diferentes se expresan de maneras diferentes. Algunas voces ya son conocidas, al menos en parte, otras no, y las voces tampoco tienen un conocimiento cabal de sí mismas. El silencio y el habla están muy entrelazados. El silencio puede producir el habla y apoyarla, pero también hacerse presente cuando las cosas no pueden ser dichas. Escuchando al otro puede generarse algo nuevo, guardando silencio se pueden oír otras voces, en el silencio se encuentra otro tipo de sabiduría, diferente a la de la lengua.

Hablar posibilita un futuro diferente. Pero el silencio también. Es precisamente en el silencio que puede generarse algo nuevo. Y guardando silencio podemos adoptar una postura diferente frente a algo o a alguien que aún no conocemos, acerca de asuntos de los que aún no sabemos.

El silencio como base de nuevas prácticas políticas

En los Países Bajos el debate político y público actual están muy centrado en el habla, que está delimitada de una manera muy específica. Se utilizan frases breves, cuya finalidad es transmitir un mensaje. Son muy populares las opiniones personales, y los individuos están muy aferrados –con una actitud muy consumista– a sus identidades e intereses, con lo cual las opiniones chocan entre sí y se hacen cada vez más rígidas. Eso no es beneficioso para la comunidad y lo que se genera es muy feo. La lengua es hermosa y capaz de mostrar la vida de modos muy diferentes, y es una pena que nos comuniquemos así. Sin embargo, al margen de las reflexiones estéticas, hemos visto que es políticamente relevante guardar más silencio y discutir más sobre el silencio. Esto es algo que podemos ejercitar como individuos, pero quiero analizar aquí cómo podemos comenzar a hacerlo de manera colectiva.

LEER SILENCIOS

Los silencios políticos pueden producir mucho daño cuando se callan ciertas cosas dentro de un discurso, cuando a alguien le imponen silencio, cuando el silencio les quita la voz a ciertos seres vivos. Pero a veces sí necesitamos más silencio: para percibir lo extraño de la vida, para permitir que la diferencia sea diferencia en vez de forzarla en un corsé de otra cosa, para escuchar y tomarnos el tiempo para formar un juicio. Si queremos conocer los tipos de silencio con los que estamos tratando, debemos aprender a leerlos mejor.

Un primer paso es analizarlos, lo cual es posible en todo tipo de situaciones: en conversaciones personales, en un intercambio político a nivel local o nacional, en debates, en los medios de comunicación, en relaciones culturales de poder. También es posible observar las estructuras que conforman nuestras conversaciones, como el *silencing*, o poner bajo la lupa la calidad de una deliberación. Un mapa del silencio puede echar nueva luz sobre el paisaje político.

Una mayor atención al silencio también implica adoptar una actitud diferente hacia los demás. Aprender a leer el silencio lleva tiempo, y debemos refrenar asimismo la formación de juicios y criterios.

No es algo que se pueda aprender de una vez y para siempre; nos exigirá una atención constante, justamente porque estamos ante aquello que aún desconocemos e incluso a veces no percibimos, aquello que guarda silencio. Sin embargo, el hecho de que no podamos aprehender todos los silencios no significa que en los diferentes niveles políticos, sociales y culturales no haya espacio para analizarlos, combatirlos o cuidarlos.

Aprender a callar

Para leer el silencio también es necesario saber callar, que no es lo mismo que escuchar, aunque a veces se parecen. Por ejemplo, cuando caminamos junto a alguien que está contando algo importante o que conmueve, o cuando no se quiere resolver algo con palabras, cuando se le deja espacio a un perro para que decida algo por sí mismo, o cuando se quiere expresar el milagro o misterio, como hacen los místicos. Pero no hablar no siempre es lo mismo que callar. Meditar no es callar. Y si no hay nadie con quien hablar, tampoco podemos decir que callemos.

A veces callar en la política es una expresión de buenos modales, por caso, cuando ya se ha tenido suficiente tiempo la palabra o cuando se ha podido dejar en claro la propia posición. O cuando no se sabe qué decir y se evita ocupar el tiempo con palabras vacías. O cuando se le da espacio a otro. O cuando no se sabe lo suficiente acerca de una materia y se prefiere dejar hablar a otros. Pero saber cuándo callar no depende de temas previamente establecidos, se trata más bien de encontrar la postura adecuada. Hemos visto que en las prácticas políticas en Japón el silencio está muy vinculado con adoptar justamente dicha postura adecuada. Según Aristóteles, se aprende a ser una persona virtuosa con el ejercicio de hábitos virtuosos. Con ellos, esa cualidad va calando poco a poco en nuestro ser. Callar se puede ejercitar del mismo modo que hablar.

APRENDER A ESCUCHAR

Escuchar también es algo que se puede ejercitar. Así como existen numerosos silencios políticos y muchos modos de hablar, no hay una sola manera de escuchar políticamente. La escucha puede incluir resistencia y desempeñar un papel en los debates políticos. Implica tiempo para permitirle al otro que hable, para observar si alguien más tiene algo que decir, para aprender a interpretar diferentes voces. Sabemos prestar oído a lo familiar, a los interlocutores que ya conocemos. Pero también se puede ejercitar la escucha para oír mejor lo que nos rodea, para sensibilizarnos ante voces que aún no conocemos.

La escucha funciona en dos sentidos. Por un lado, es un puente hacia el otro, al que podremos oír mejor si escuchamos bien; por otro lado, también es un modo de formarnos un criterio a conciencia. Los criterios se construyen siempre en el intercambio entre uno y el mundo, y escuchar puede contribuir a ello.

Podemos hacer nosotros mismos el esfuerzo para aprender a escuchar mejor, pero en política se trata sobre todo de aprender a escuchar colectivamente. Para eso es fundamental la educación, pero también se puede crear más espacio para la escucha en las prácticas e instituciones ya existentes.

Incorporar silencios en sistemas políticos

La lengua política orientada a la eficiencia delimita estrictamente lo que se puede decir. Eso ocurre a costa de algunas voces y perspectivas y a costa de lo nuevo. Muchos sistemas políticos también están orientados a la eficiencia. En ocasiones puede ser útil o necesario, pero a menudo desaparecen el acto de callar, la escucha y el diálogo. Crear espacio para el silencio es parte del movimiento del monólogo hacia el diálogo.

Por un lado, es posible adaptar las prácticas existentes para brindar más espacio al silencio. He mencionado algunos modos de mejorar la deliberación. Por ejemplo, debatiendo en espacios diferentes, observando cómo se relacionan los distintos tipos de debates y tomando en serio otros modos de habla política. En todas estas propuestas, la escucha también juega un papel. También se puede pensar en nuevos espacios para escuchar testimonios de otros. En relación con otros animales y la naturaleza, dichos espacios deberán ser al aire libre, en el exterior. Reflexionar acerca de la relación entre habla y escucha, entre silencio y lengua, también contribuye con la mejora del diálogo. Tomar en serio otros modos de habla también requiere de espacio para el silencio y para la escucha, no todo el mundo tiene por qué ser un orador elocuente ni expresarse del mismo modo.

Incorporar silencios también es incorporar tiempo para pensar y para volver sobre la conformación de un criterio, para darle espacio al otro. En la toma de decisiones políticas, por ejemplo, se puede pensar en correr la atención desde el momento hacia los procesos. Es decir: en lugar de llevar adelante un debate con un determinado resultado final, también pueden llevarse a cabo una serie de debates y postergar la votación. El tiempo que se genera así brinda la oportunidad de guardar silencio. Durante los debates pueden incluirse tiempos de escucha o tiempos de silencio.

Asimismo, es importante pensar en nuevas prácticas de silencio. A veces compartimos momentos de silencio, por ejemplo, durante conmemoraciones. En algunas culturas se guarda silencio antes o después de una actividad, para pedirle autorización a la naturaleza o para agradecerle por algo. Guardar silencio juntos puede ser la base para nuevos rituales. Esto no significa estar sentados en una silla y no hacer nada; guardar silencio también puede ser parte de una caminata o de plantar árboles. Y al diseñar estas nuevas prácticas de silencio es importante pensar en quién participa: escuchar a niños será diferente que escuchar a ratones o a personas que viven en un geriátrico. El silencio en el que formamos nuestros propios criterios quizá sea más meditativo, mientras que el silencio para demostrar respeto colectivo es activo.

El derecho al silencio

Al guardar silencio y escuchar al otro le damos más espacio y nosotros mismos podemos cambiar. Pero el silencio también puede ser un espacio de preservación, un refugio. Quienes sufren una dominación o tiranía, como Khiizigo o los animales objetos de caza, se refugian en el silencio. Quien pertenece a una minoría puede sentirse más seguro o llevar una vida más tranquila si no dice determinadas cosas. No todo el mundo desea ser activista o exponerse a las consecuencias de hablar; guardar silencio respecto de determinados asuntos puede ser una elección legítima. Por ejemplo, hay personas queer que eligen no anunciar sus vínculos a los cuatro vientos. Aunque para los jóvenes sea importante tener modelos a seguir y sus relatos de resistencia puedan modificar la sociedad, las personas queer también tienen derecho a no compartir con otros este tipo de información acerca de sí mismas.

También para quienes pertenecen a una mayoría es importante poder guardar silencio, por ejemplo, en relación con los sistemas digitales y el Estado. Las empresas y corporaciones nos exigen cada vez más información personal, el Estado crea expedientes electrónicos e instala cámaras en todas partes, las redes sociales nos piden el nombre de nuestra pareja, nuestro género y orientación sexual. A veces esto ocurre apelando a la eficiencia, a veces a la seguridad. Y las redes sociales quieren ganar dinero. Pero esto va en detrimento de la libertad, algunos asuntos no son de incumbencia de las empresas ni del Estado ni de los vecinos. Las personas tienen el derecho de guardarse cierta información para sí, y el Estado tiene que procurar que los sistemas electrónicos lo respeten.

Como dice Lorde, el derecho a hablar es de una importancia vital. El derecho al silencio también puede serlo. He investigado mucho acerca de las lenguas de los animales y los modos en que se las acalla. Los humanos debemos aprender a escuchar mejor a los demás seres para compartir de manera diferente el mundo y mejorarlo. Pero conocer mejor las lenguas de los animales también los hace más vulnerables, porque las personas malintencionadas pueden encontrarlos y explotarlos más fácilmente y se generan nuevos modos de control. Los cazadores, por ejemplo, son buenos escuchando a los animales y leyendo sus huellas. Además, muchos animales quizá no tengan intención de que el ser humano se involucre con ellos, y no nos deben nada. Los animales se ven más beneficiados con el derecho al silencio que con el derecho al habla, aunque a menudo estén interrelacionados.

Por último: el silencio
como la mitad del relato

Poner en palabras el silencio es un proyecto paradójico: tan pronto como la lengua se inclina sobre él, una parte del silencio desaparece. Sin embargo, hay silencios políticos que pueden describirse muy bien, como los silencios más activos: los silencios que les quitan a personas o animales la posibilidad de expresión o de actuar democráticamente, los silencios que encierran resistencia, los silencios orientados expresamente a la escucha, los silencios virtuosos. Sin embargo, la cuestión es más compleja en el caso de los silencios que hacen posible lo nuevo, los abiertos a la diferencia, aquellos que generan cambios; allí a lo sumo podemos esbozar sus contornos.

Reflexionar sobre el silencio y reflexionar sobre la lengua no son cosas tan diferentes. Quizás exista la creencia de que en el segundo caso sepamos mejor de qué estamos hablando, pero la lengua es multiforme, polisémica y abierta. En los poemas esto es fundamental, pero en otros tipos de texto también podemos encontrar lo diferente, lo extraño, lo nuevo, y lo mismo ocurre en los debates e intercambios. Nunca dominamos del todo la lengua, pues ella también nos moldea a nosotros. Es imposible definir las palabras o los conceptos de manera acabada, o fijar definitivamente su significado. La lengua crece, se mueve, cambia. Y, a su vez, nos cambia a nosotros.

Desde el punto de vista político, es importante que hablemos más del silencio y que sigamos investigando cómo el silencio se ancla en la lengua, pues hoy la delimitación de la lengua política es muy frágil desde el punto de vista de la justicia; asimismo, es necesario para comprender qué es y qué puede llegar a ser político. Es decir, debemos guardar más silencio y mejorar nuestros silencios, lo cual también implica que nos expresemos más: sobre los silencios que desdibujan cosas o que contienen violencia, sobre la escucha, sobre la lengua que puede ser tanto más que solo el intercambio de mensajes. Porque comunicarnos mejor puede cambiarlo todo.

Este libro se terminó de imprimir
en abril de 2025 en Romanyà Valls S.A.
08786 Capellades.